日韓魂

日本と韓国に生き、
世界を見つめる

白 眞勲

花伝社

日韓魂——日本と韓国に生き、世界を見つめる◆目次

Ⅲ　明日の日韓関係

対談　真田幸光×白眞勲

はじめに

まだ日本が正月気分もさめやらぬ2016年1月6日、北朝鮮が水爆実験に成功したと発表しました。そのニュースを聞いたとき、私は「ハハーン、だからだったのか！」という思いをいだきました。それはこの核実験と、2015年暮れに日韓が慰安婦問題について合意した件が、リンクしていたのではないかということです。

この日韓合意のポイントはいくつかありますが、私が注目した点は、あれほど安倍総理が否定し続けてきた河野談話の「日本軍の関与」をあっさり認めている点、さらには、政府の予算措置で慰安婦を支援する資金を拠出するという点です。

これは、河野、村山談話でさえ触れられていなかったところに立ち入ったもので、今までの安倍政権の立場、というか過去の民主党政権でさえとらなかった対応であり、日本政府の今までの立場を逸脱するような大きな譲歩です。もしこのような合意を民主党政権がしたならば、保守系のメディアや識者は猛烈に反発し、「国賊」などとボロクソに批判していたでしょう。

逆にいうと、安倍総理でさえ結局、この件については譲歩せざるを得ない立場になっていたということです。ではなぜ、安倍政権は前のめりで、このような合意を急いだのでしょうか？

その解は、北朝鮮にあるのかも知れない、ということなのです。

私は今回の北朝鮮の水爆実験成功の発表を、遂に来るものが来た、つまり北朝鮮の「終わりの始まり」だととらえています。今回の核実験には、北朝鮮の後ろ盾の中国でさえ呆れ返っている、というか怒りまくっている。そのなかで、このまま金正恩体制が続くわけがありません。

金正恩体制の瓦解に備えて、慰安婦問題の解決をアメリカが急がせたのではないか――私はそう考えます。北朝鮮への対処には、日米韓の連携がなんとしても必要なのです。


昨今、日韓関係は史上最悪だという声を、皆さんも聞いていたことと思います。確かに、両国の首脳は2年以上もしっかりとした会談ができなかったわけですし、さらには、歴史認識で両国の政治家がそれぞれマスコミで火花を散らし、日本の繁華街では、韓国人を口汚く罵るヘイトスピーチが叫ばれ、本屋に入れば嫌韓本がうず高く積まれています。さらには韓国国内でも、慰安婦をめぐるデモが行われている状況です。あの2002年のサッカーワールドカップのときのお互いの応援はどこに行ってしまったのでしょうか？　あるいは、日本のテレビに溢れていた韓流スターたちはどこにいるのでしょうか？

でもみなさん！　本当に日韓関係は史上最悪なのか、一度、じっくりと考えてみませんか？

私は父親が韓国人、母親が日本人の、日本で生まれた在日韓国人です。幼い頃から日韓の様々な葛藤を否応無く目の当たりにして育ちました。その私から見た今の日韓関係は、決して史上最悪どころか、むしろ徐々にいい方向に向かっているような気さえするのです。「エッ、まさか！」と思われるかもしれませんね。

この本は、そのような皆さんの素直な疑問に対し、なるべく分かりやすく書いたつもりです。50年以上にわたって、在日韓国人として、韓国の最大新聞社の朝鮮日報日本支社長として、さらには政治家として、様々な視点から日韓の関係を見てきた私が、率直に思いのたけを本にしてみました。

とかく政治家の本というのは、天下国家のことを大上段に構えて論じ、上から目線で書かれているといった印象があり、正直、あまり読む気になりませんよね。この本も面白くはないかもしれませんが、なるべく感情に押し流されないように、事実を基本として冷静に両国関係を書いてみたつもりです。

どこの国にもいい人もいれば変な輩もいるものです。刑務所の無い国もありません。私もメディアにいた人間としてわかるのですが、彼らは、どうしても極端な出来事を限られた紙面や時間で取り上げざるを得ないのです。であるなら、総合的な観点から日韓関係を正確に把握する必要性こそ、今、求められているのではないかと思っています。

日韓関係が良くなければ誰が得するのか考えてみたら、私たちの出すべき答えは明白です。

本書の後半では、私の尊敬する30年以上の友人である愛知淑徳大学の真田幸光教授との対談を載せ、日韓から築く国際関係について、お互い率直に意見交換してみました。彼は長年、ソウルや香港で銀行の駐在員として国際金融の最前線にいた方で、さらには日韓の中小企業交流にも尽力された方で、相当視野の広い、ダイナミックに動く世界の動向についての見識も高い方です。

ぜひ、最後まで楽しく読んでいただきたいと思います。

I

なんでこんなことになった!?　日韓関係の現在地

第1章　「日韓関係は最悪」は本当か

焼肉屋に行列ができている！

いま、日本と韓国の関係は大変厳しい状態にある、と言われています。

日韓関係は、私の生い立ち——韓国は親父の祖国ですから——からして常に無視できないものであり、子どもの頃から人一倍、両国の関係には敏感でした。それは政治的動向への関心というより、皮膚感覚に近いものだと思います。

そんな私が、「あれっ、風向きが変わってきたぞ」と感じたのが今から28年前、１９８８年、ソウルオリンピックの年です。

88年の、ちょうどオリンピックの開会式という日のこと。その頃私は東京の世田谷区に住んでいたのですが、世田谷通りを車で走っていたところ、焼肉屋の前に行列ができているのを見かけました。

私が「あ、日韓関係は確実に変わるな」と思ったのはその時です。

私は当時、韓国の会社に在籍して仕事をしていましたが、お客さんなどに「焼肉を食べに行きますか」とお誘いすると、かなりの確率で「いや、私、脂っこいものはちょっと……」みたいに断られることが多かったのです。「お寿司行きますか」と誘って断られることはまずないのですが、焼肉というと「韓国料理ですか……ちょっと」というリアクションの時代が長かったわけです。

もっと遡って、当時の私の会社の上司の話です。まだ1960年代の話だと思いますが、当時まだアメリカ—韓国間の直行便が十分でなく、アメリカから韓国ソウルへの帰路、東京に立ち寄ってホテルで一泊したのですが、その時、ハウスキーピングの女性が鼻をつまんで部屋に入ってきたというんです、「(韓国人が泊まっているから)この部屋はニンニク臭い」みたいな意味でしょう。

そんな話を聞いたこともあったし、私の生い立ちや経験したことを振り返っても、あの焼肉屋の行列は私にとって驚きであり、ソウルオリンピックを境に、日本人の中で何か心の変化があったのだろうなと思います。

一方の韓国も、オリンピックの前の年、1987年の経済成長率(GDP対前年比)は12・

47%と想像できないくらいの急成長をしており、日に日に街の様子が変わっていくような時代でした。ちなみに韓国の高度経済成長である「漢江の奇跡」が始まった1960年代の韓国GDPは、フィリピンより低い程度です。

ですが日本人は、その頃韓国で盛んだった学生デモや、大韓航空機追撃事件（1983年）の印象が強く、まだまだ不安定な国というイメージが強かった。そんな、「韓国ってどうなんだ？」という時代背景の中で始まったのがソウル五輪でした。

いざオリンピックが始まって、その頃急速に発展していた韓国の街並みがテレビに映し出されるようになると、日本人は「なんだ、自分たちの国と変わらないじゃないか」と気づき、そして初めて、ちゃんと韓国の生活や文化を知るようになったということかもしれません。

韓国の街の様子がきちんとくわしく日本のメディアで伝えられたのは、88年のソウル五輪が初めてだったと思うのですが、これを契機に、日本人の韓国に対するイメージが大きく変わったと思っています。オリンピックに先立ち、86年にアジア大会がソウルで開かれたことも大きかったのですが、この86〜88年の3年間は、戦後の日韓関係を考えるうえで非常に重要な時期だったと思います。

私がメディアに出始めた頃

その後も日韓関係はいろいろあるのですが、2002年の日韓共催ワールドカップでまた盛り上がりを迎え、2004年ごろに『冬のソナタ』から韓流ブームがやってきます。

私がテレビ・ラジオに呼ばれるようになったのも2000年あたりからですが、この頃、私がまず感じたのは、日韓関係の盛り上がりとは裏腹に、やはり日韓には相互理解が足りていないのではないか、ということです。

それは、どうも日本のメディア——これは韓国も同様ですが——は、ワンフレーズを取り出してきては「韓国はどうだ」とか「こんなこと言ってる」と報じるきらいがある。私が仕事をしていたのは「朝鮮日報」という新聞社ですが、ハングルで書かれた新聞ですので日本人はふつう読めません。日本のメディアが「韓国の代表的な新聞『朝鮮日報』は……」としたうえで、特定のフレーズだけを抜き出して「これが韓国の主張だ」と伝えるわけですが、それを見た日本人は「なんだ朝鮮日報め、この反日メディアは」と思うようになってしまう。これによってお互いに憎悪が生まれるようになってしまったわけです。

確かにそう書いているけれど、前後の文脈を見れば必ずしも極端な主張をしているわけではない。なのに批判の応酬みたいになってしまう。私はこの状況をなんとかしなければいけないと思い、インターネット上に「朝鮮日報」の日本語版を作りました。

これがメディアでも好意的に取り上げられ、話題になりました。当時はインターネットが流行し始めたころで、英語を翻訳したサイトはあったのですが、韓国の情報を日本語で読めるのは非常に珍しがられたものです。私や会社の予想をはるかに上回るアクセスがあり、後に子会社ができるまでに事業として成長しました。その結果、私は「朝鮮日報のベック（白の韓国語読み）」として様々なメディアに呼ばれるようになりました。

そんな折、2002年9月17日、小泉首相の北朝鮮電撃訪問があります。これを機に拉致問題が一気にクローズアップされ、北朝鮮情報へのニーズが日本国内で急速に高まっていきます。

当時の私は、「北朝鮮問題について喋ってくれ」とメディアからますます呼ばれるようになります。「朝鮮日報」には北朝鮮情報のデータベースがあり、それを参照すれば日本の番組で訊かれるようなことはたいていは答えられますので、北朝鮮問題についてもずいぶんとコメントしました。同時に、私はサッカーのことなど何も知らないのですが、「韓国のサッカーについて教えてくれ」という依頼も多くいただきました。これにはほとほと困ったものです。

何が言いたいのかというと、韓国についても北朝鮮についても、それなりのコメントができる人材が、当時の日本にはそれほどいなかったということです。韓流ブーム前夜まで、日本国内の韓国・北朝鮮に対する認識というのは、かなり手薄な状況にあったわけです。

そういえば、2002年のサッカーワールドカップでは、忘れられない出来事があります。日本の若者が、パブリック・ビューイングで韓国代表チームを、韓国語で大韓民国を意味する「テーハミング！」と言って応援しているのです。あの時は決勝リーグで日本が先にトルコに負けてしまった。一方で韓国は、審判のジャッジが取り沙汰されたりしましたが、ベスト4まで進出した。その時、「日本負けちゃったから、せっかくだから共催の韓国を応援しようぜ」という日本の若者たちの盛り上がりがあったのです。その時、朝鮮日報の特派員と話をしたのですが、最初は「日本人が韓国を応援するわけないだろう」と彼は言っていた。しかし日本の若者が、「テーハミング！」と応援する姿を目の当たりにし、「日本人の精神の高潔さに感銘を受けた」と言っていました。その様子は韓国でも伝えられ、大きな驚きとなったそうです。

韓流ブームの光と影

そして2004年、韓流ブームがやってきます。当時すでに韓国では流行を過ぎたと見られていた俳優のペ・ヨンジュンさんと、スター女優のチェ・ジウさんが共演した「冬のソナタ」が日本で大ブレイクし、その後「宮廷女官チャングムの誓い」など大ヒットが続いたのです。

韓流ドラマはそれまでの日本の主流だったトレンディドラマとは大きく異なり、話が非常にドラマチックで起伏のある展開が特徴です。とはいってもこれにはいくつかのパターンがあって、出生の秘密、身分差のある恋、不慮の事故、不治の病……このあたりがだいたい定番なのですが、とにかくこれが日本人に受けた。欧米の映画やドラマにはない、非常にウェットな人間関係や心理描写が、日本人の心に響いたのでしょう。

あの、1988年の焼肉屋の行列が、「初めて韓国を知った」「韓国ってあんまり日本と変わらないよね」といった〝発見〟だったとしたら、2004年からの韓流ブームは、心の奥まで日本人が韓国を受け入れたものではなかったでしょうか。

そしてドラマに続いて、K-POPと呼ばれるアイドル歌手が次々と日本に入ってきます。その時、逆に始まったのが「そんなことねぇだろう」という流れだと思います。

物事には光があれば影もあります。韓流ブームという光に対し、「嫌韓流」という流れが生まれてしまったと私は思っています。『マンガ嫌韓流』が出版され（2005年）売れ始めましたが、韓国でも「反日本」が多く出版されるようになった。反日本の先駆けは、90年代にKBSの特派員が書いた『日本はない』（邦題：『悲しい日本人』）ですが、その類の本が韓国サイドでも出ていたのです。

『マンガ嫌韓流』についてですが、あれは内容そのものはかなりでたらめな部分も多い。ただ、当時雑誌『SPA!』のインタビューを受けて答えたことですが、韓国に関心をもつことが重要であって、なんにせよ韓国に意識が向くのであればそれは悪いことではない、と私は思っていました。ただ気になったのは、あの本には「これはマンガだから」というエクスキューズがあるのですが、マンガだからといって嘘を描いていいはずはありません。ここで「在日特権」のようなありもしないものが描かれ、それを信じてしまう人たちが出てきてしまいました。

この流れでもう一つ思ったのが、私の上の世代の方々というのは、どうしても韓国に対して悪いイメージを持っています。そういった人たちの黒い部分と、本当は真っ白だったはずの若い人が組み合わさってしまったような印象を受けました。当時の30代くらいの人はそんなことはないと思ったのですが、それより下の世代と私より上の世代が、嫌韓ということで妙に手を組んでしまったのは残念なことです。

その頃は本格的にインターネットが普及した時期ですが、ネット上でモンスターのように嫌韓の風潮が広がるようになりました。例えばウィキペディアなどは、今では完全に信用できるわけではないという認識の人も多いのですが、当時は無条件に信じる人がほとんどで、これも嫌韓の流れに拍車をかけてしまった。

そのような流れの先に、現在の日韓両国のこじれた国民感情があるのだと思います。

切っても切れない日韓関係

さて、ここまでソウル五輪以降の流れを私自身の感じたことを中心に振り返ってきましたが、何が言いたいのかというと、それでも昔に比べればマシだ、ということなのです。いくら嫌韓の風潮があるとしても、60年代や70年代に比べれば、知るようになったという一点においても良くなったと言えます。

要は、日韓関係はどの時期を対象にして日韓関係の良し悪しを判断するか、ということなのです。確かに今は、88年以降ということで切ってみれば良くない時期かもしれません。しかし、私の生きてきた時代ということで見れば、昔よりは全然マシになったわけです。さらにレンジを広げて、例えば朝鮮通信使が再開された江戸時代はどうだったか、朝鮮出兵の豊臣時代はどうだったか……。そうやって見ていけば、日韓関係には長い歴史があり、その時々に起伏があったわけで、これはどの国同士の関係でも同じではないでしょうか。関係が良い時期もあれば悪い時期もある、当たり前ですがそういうことなのです。

だから私は現在の状況についてとりわけ日韓関係が悪いとも思っていないし、自分の口からそう言いたくはない。確かに良くはないかもしれませんが、私のこれまで生きてきた実感として、繰り返しますが随分マシになってきたのです。なので、とりわけ影響力のある人には、ことさらに「日韓関係は最悪の状況にある」などと言ってほしくない、という思いがあります。

実際の数字を見てみればわかることです。現在、日韓両国を往来する人の数は、年間500万人を超えています。これは世界一です。アメリカとカナダやヨーロッパの国々など、陸続きの関係にある国同士よりも多いのです。現在、韓国から日本に渡航する人の数は年間270万人です。延べ人数とはいえ、韓国の人口が5000万人であることを鑑みれば、すごい数字ではないでしょうか。日本から韓国に行く人がおよそ230万人。お互いに嫌いな国同士でそこまで往来があるものでしょうか。

人的往来だけでなく、貿易の数値や各種経済指標を見ても、日本と韓国はもはや、切っても切れない関係にあることは明らかです。たとえばサムスンのスマートフォン、ギャラクシーは、中身に日本製の部品が相当入っていますし、今では自社生産するようになったとはいえ、一昔前までヒュンダイの自動車のエンジンは三菱自動車製でした。韓国最大の製鉄会社は浦項総合製鉄といいますが、ここの設備は日本の製鉄会社の技術導入により造られています。

さらに、先日の新聞報道で韓国の高校生が第二外国語として何語を選択しているかを知ったとき、私は驚きました。なんと49・8％の生徒が、日本語を選んでいるというのです。

つまり、日韓関係というのは様々な角度から見るべきだと思うのですが、今言われている「日韓関係が悪い」というのは何をもってそういえるのか、実体はあまりないのではないかということなのです。ただ一つあるのが、お互いの言い合い、言葉の応酬です。だから日韓関係が悪いとしたら、その根源はお互いの言葉にあるのではないか、それだけの話なのではないかと思うわけです。

実体のないものが実体に影響している

私が懸念していることに、よくメディアに取り上げられる「韓国は好きですか？ 嫌いですか？」といった類のアンケートがあります。「親近感」という言葉が用いられることもよくありますが、そもそも国に対して好きか嫌いかというのは、あまりに雑駁《ざっぱく》な質問ではないでしょうか。

国というのは政治体制のような確たるものから国民性というような漠然としたものまで内包しているわけですから、「カレーライスは好きですか」というのと同じようにはいきません。毎年そのアンケートを取って経年変化を見ることには意味があるかもしれませんが、そもそもの問いの設定はきわめて無意味としか思えません。もし訊くとするなら、例えば「韓国に行ったことはありますか？」「韓国料理は好きですか？」といった具体的な項目に関することでないと、意味はないと思います。

問題なのは、こうしたさしたる意味がないアンケートの結果を〝日本の世論〟のように扱い、影響力のある人がメディアでそれをもとに意見を言ったりすることです。先ほども述べたように、こうした言説には実体がありません。「いや、そういう印象を抱いているのは事実だ」という意見もあるかもしれませんが、印象など簡単に変わってしまうものです。どこの国にだって良い面もあれば悪い面もある。例えば中国に対する親近感は、パンダが来日すれば上昇し、サンゴの密漁が発覚すれば下降します。いろいろな側面がある相手のどこを見るかによって、印象が大きく違ってくるのは当たり前です。

困ったことに、こうした実体のないものが、経済や観光といった実体に影響してきているのが今の状況だと思います。そしてこれは日本側だけの問題ではなく、韓国でも実体のないものに依拠した言論が溢れており、お互い様なのです。

第2章 日本と韓国、それぞれの社会と政治

内需型日本とグローバル型韓国

日韓両国の間にいろいろな問題があるのは確かですが、人の往来や経済活動におけるつながりという側面を見れば、両国が切っても切れない関係にあることは明らかです。

今後よりよい日韓関係を築いていくためにも、まずは私が感じる日本と韓国の違いを見ていくことで、考える材料にしたいと思います。

私の専門領域のひとつに物流があるのですが、航空政策について見ていくと、両国の違いがよくわかります。

まず、韓国の人口が日本の半分以下、5000万人という規模であることを覚えておいてください。これは1億2000万人の人口を抱え、ある程度は内需で回していくこともできる日

本と、前提条件が大きく異なっています。韓国は海外のマーケットにどうしたって切り込んでいく必要がある。そして地理的にも、韓国は日本にぐるりと取り囲まれている。そうなれば、まずは日本のマーケットに喰いこんでいこうという発想は当たり前に出てきます。

韓国はまず、日本の空路が羽田と成田に分断されていることに着目しました。今でこそ羽田発着の国際便は増えましたが、少し前までは、国内線と国際線の乗り継ぎに羽田―成田間を移動せざるを得ない状況が続いていた。そこに目を付けた韓国の航空会社は、まず日本の地方空港との路線を開設しました。そして海外渡航のニーズに向けて、「成田を経由するくらいなら一度ソウルまで来たほうが安いですよ」とアピールしたのです。

今やアジアのハブ空港として圧倒的な存在感の仁川《インチョン》国際空港ですが、あの空港が開業したのは2001年。広大な島を崩して、あっという間にあの空港を造ってしまいました。

この航空政策の両国間の違いは、見事に日韓の違いを表しています。

日本は今でこそ羽田の国際化・ハブ化を推進していますが、長い間、国際線は成田、国内線は羽田という明確な区別をしていました。これは韓国から見ればなぜひとまとめにしないのか理解に苦しむのですが、日本の東京にいれば、「まぁ羽田は手狭だしな」という事情も分かるし、両空港間の移動手段もそれなりに確保されているので、2つの空港を使い分けることにあまり疑問を持ってきませんでした。また、日本はもともとが全国に殿様がいた国だからでしょうか、どこの県も「うちにも空港を！」と、利用者のニーズがそれほどなくても、とにかく空港を造りたがる傾向があります。それは地元選出の国会議員も同じです。

つまり東京一極集中がある一方で、地方にもリソースを割く。非効率な部分も確かにありますが、日本の人口や経済規模を考えると、ある程度合理性もあるでしょう。

一方の韓国ですが、国の規模が日本に比べ小さいという事情を差し引いても、一極集中は日本以上です。韓国にはソウルしかないのです。だから仁川国際空港を造るとなった時も、意思決定は非常に速かったし、リソースを集中して一気にアジア最大の空港を造り上げました。同じことを海の物流ではプサンの国際港湾化で行いましたが、素早い意思決定で一点にリソースを集中するやり方は、海外市場を常に見据えなければ食べていけない韓国にとって、当然のやり方といえるでしょう。意思決定が早いのは行政だけでなく企業もそうです。日本企業がボトムアップ型組織が多いのに対し、韓国企業はトップダウン型組織が多く、意思決定は非常にスムーズです。これはオーナー企業が多く、あまり失敗を恐れない経営を行っていることに起因します。

日本が意思決定に根回しを必要としたり、一見不効率なインフラの構築をするのは、裏を返せば内需である程度やっていけることの表れなのです。この、内需である程度やっていける日本と、外貨を獲得しなければ食べていけない韓国の違いは、現在のグローバル社会においては、

「韓国はしたたかにやっているな」という印象を日本に与えます。韓国の素早い意思決定とそれに基づく選択と集中は、場合によっては日本にとって脅威に映るかもしれません。それが日本の排外的な動きの裏にあることも考えられます。

「似ているから同じだろう」という先入観

脅威ということで言えば、韓国人の物の言い方が、日本人にとって不愉快に感じられることはあると思います。韓国人は、思っていることの120％を相手にぶつけます。しかし本音は、「120言って70伝わればいいか」程度にしか思っていません。それに対し日本人は、思っていることの70％程度を相手に伝え、「あとは察してくれよ」というコミュニケーションを好みます。

120％の韓国人と70％の日本人が対話するとき、そこには最初から50％のギャップがあるわけですが、加えて日本人は韓国人の120％を70％と思うので、当然反発を覚えることになります。「それは言い過ぎだろう」「その言い方はないだろう」と。

私はここに、隣国とのコミュニケーションがうまくいかないことの本質があると思っています。つまり、顔姿かたちがそんなに変わらないのだから、相手も自分と同じ感覚の持ち主だろうという先入観をもってしまい、それゆえにギャップが増幅されてしまうのです。

この、「似ているから同じだろうという先入観が、よりギャップを大きくしてしまう」という心理は、いろいろな場面で現れます。

例えば日本では、招かれた先の玄関では、靴のつま先を外に向けて揃えるのが正しい礼儀とされています。一方韓国では、同じく靴を揃えはするものの、つま先を内側、脱いだままの方向に揃えるのが当たり前です。これは、退出時に相手にお尻を向けない、きちんと顔を見るという意味で、韓国人にとってはむしろ、つま先を外側に向けているほうが不自然なのです。

しかしこのことを知識として知らなければどうでしょう。日本人も韓国人もお互い、「礼儀を知らない奴だな」と少しムッとすることにもなりかねません。

ところで、私の子どもはインターナショナルスクールに通っていたため、我が家にはいろんな国の子どもたちが遊びに来ていたのですが、アメリカ人の友達が来たとき、彼は靴を脱がずにそのまま上がってきました。私は「おいおい、靴くらい脱げよ」と注意しましたが、別に怒って言ったのではなく、「習慣が違うからな、しょうがないよな」くらいに思っていました。

ここではっと気づいたのです。欧米は室内でも靴を履いたままだけど、日韓は靴を脱ぐことは一緒だと。つまり、まるっきり習慣が違っていれば腹も立たないが、大枠は一緒で細かい部分が違っているがゆえに腹が立つという心理構造が、日本と韓国の間にはあるのではないか、ということです。

日本社会はよく、同質性や単一性が高いと言われますが、それゆえ、外見上は似ている韓国人に対し（逆に韓国人もですが）、自分たちと同じ感覚を持っているだろうと期待します。しかし実際に接してみると大きく異なるコミュニケーションの作法の持ち主であることがわかり、驚きを覚えることになります。場合によっては驚きが憎悪に変わっていくこともあるでしょう。似ているがゆえに違いが受け入れ難いという近親憎悪は、隣国間のコミュニケーションを難しくしている大きな要因だと思います。

竹島問題を考える前提と解決方法

こうした日韓の違いを意識したうえで、昨今の政治状況を見ていきましょう。

私は2014年10月25日、日韓議員連盟の一員として韓国を訪問し、総会に先立って朴槿恵《パク・クネ》大統領とも会ってきました。その席は大いに盛り上がり、予定時間をオーバーするほどだったのですが、会談が終わり、その後パク大統領が玄関まで見送ってくださった際、私は大統領と少し立ち話をしました。私はハングルを話せますから、通訳抜きでの立ち話という感じです。

その時話した内容そのものについては、公の会談ではありませんのでここでは触れませんが、私が感じたのは、大統領の日韓関係改善に対する並々ならぬ思いです。彼女は本心で、今のこじれた日韓関係を何とかしたいと思っている、そんな印象を受けました。

現在の日韓関係を悪いものにしている要因は、大きく言って2つあります。それは領土問題と歴史認識問題です。

まず領土問題――竹島（韓国では独島）をめぐる領有権の問題ですが、この問題を考える前提として、次のことを頭に置いてもらいたいと思います。現在、同じく日本が領土問題を抱えている相手国にロシアがありますが、日本とロシアの間には現在、平和条約は存在しません。一方、日本と韓国の間には、1965年に締結された日韓基本条約、つまり日韓の平和条約が存在します。平和条約が存在しない日ロの領土問題と、平和条約が存在する日韓の領土問題、この違いをどう見るかが私はポイントだと思います。日韓基本条約には竹島についての記述はありませんが、日本政府は折に触れて日本の立場を表明してきました。結論はどうあれ、両国間の公式な政治的折衝の場面で議題に上り、条約が発効しているという事実から、まずはスタートしなければいけません。

そして竹島問題についての、両国民の認識の違いにも着目する必要があります。

日本人にとって竹島問題は領土問題以上でも以下でもありません。しかし韓国人にとっては、領土問題のみならず歴史認識問題なのです。日本が竹島を編入したのは1905年ですが、この年に第二次日韓協約が結ばれ、韓国は外交権を失い、日本の保護国となっています。つまり、外交権が剥奪された状態での竹島編入は無効であり、日本は竹島を掠め取ったというのが韓国の主張で、ここに端を発する竹島の領有権を日本が主張するのは、植民地政策を肯定する、歴史を反省していない態度である、となるわけです。

領土問題と歴史認識問題——竹島を巡る両国のスタンスは、主張のプラットフォームが違いすぎています。同じプラットフォームの上で主張が対立しているのであればまだ政治的にも妥協の余地はありますが、今の状態ではいくら議論を重ねてもすれ違いにしかなりません。そして、決して交わることのない議論ばかりを重ねていれば、経済など他の分野にも影響が出てくるし、実際問題そうなっているのが今の日韓関係です。

では、竹島問題をどのように解決すればいいのでしょうか。

まずは私のスタンスを明確にしておきます。私は、竹島の領有権は日本にあると認識しています。その根拠としては、外務省がホームページに掲載している「日本の領土を巡る情勢」の中の「竹島」の項目にある内容を見ていただければ明確かと思います。

ちなみに韓国政府（大韓民国外交部）は、『韓国の美しい島、獨島』という日本語のパンフレットを出していますが、これに、日本政府が不法占拠のスタートと認識している李承晩ラインの設定に関する記述は一切ありません。

以上のことを総合的に考慮して、私は竹島問題については、第三者の判断に委ねるしか解決方法はないと思います。つまり、今まで日本政府が3回にわたって提案してきたように、国際司法裁判所の判断を仰ぐ以外に日韓の領土問題を片付ける手立てはない、ということです。

竹島問題については国際司法裁判所に任せ、二国間では他のことを討議していったほうが、日韓両国にとっては良いのです。

慰安婦問題に対する韓国議員の認識

パク・クネ大統領が就任（2013年2月）してから2015年11月まで日韓首脳会談は行われていませんでしたが、この最大の障害となっていたのは歴史認識問題、詰めていけば慰安婦の問題です。

私は日韓議員連盟では慰安婦問題担当を仰せつかっています。担当に任命された時は、テーマがテーマだけにかなり重圧を感じました。そして重たい気分のまま、韓国行きの飛行機に乗って、韓国側の慰安婦問題の担当議員との会談に臨みました。

実際に向こうの慰安婦問題担当議員と話してみると、吊し上げ状態になる覚悟だった私は、拍子抜けしてしまいました。

「あれ、こちらの感覚とほとんど差がないぞ」

それもそのはず、彼らの経歴を見ると、大半がアメリカに留学した経験があり、議員になる前は大学教員とかメディア関係者だった人ばかりで、非常に開かれた見識の持ち主が揃っていたのです。

韓国側の議員に、日本のかねてからの主張である「日韓基本条約の段階ですべての問題は解決したのではないか」と問うてみると、彼らは「その通りだ」と答えました。両者の認識に齟齬はなく、これは私にとって大きな驚きでした。

「ただ」と前置きして彼らは続けます。確かに政治的にはこの問題は決着がついている。しかし、日韓基本条約の締結された65年当時の状況を想像してみてほしい。当時は終戦後20年、慰安婦だった女性たちは30代中盤から40代で、みな家庭生活にあり、子どももまだ小さいという時代だった。ましてや儒教的価値観の根強い韓国社会で、それが商売としてであれ強制的なものであれ、複数の男性を相手にしていたと名乗りを上げるのは非常に難しい。言いたくても言えなかった彼女たちの心情を察してほしいのだ、と。

確かに元慰安婦の女性が公に名乗りを上げるようになったのは90年代からですし、まだまだ小さな子どもを抱えた母親が慰安婦であったと名乗り出るのは、ほとんど無理な話でしょう。

とはいえこれは韓国側の事情であり、政治的に決着した問題であることでは日韓一致していま
す。そのことを言うと、「それはわかっている。人間として思いやってほしいという話だ」と。

私は重い気持ちでこの会談に臨みましたが、話してみると韓国側の議員とほとんど齟齬《そご》がないことに驚き、「これなら落としどころはあるぞ」という展望が開けてきました。そして、韓国側議員の言い分も非常によく理解できました。

つまり、人権問題として大上段に構えるのではなく、まずは元慰安婦の方に対して、日本側も惻隠の情を持つことが大事なのではないか、それが土台にあれば両国の歩み寄りは意外とすんなりいくのではないかと思うようになりました。手続論的には日韓両国の認識は驚くほど一致している、あとは当事者の感情をどうケアしていくかという問題なのです。

ですから、日本側に見られる「元慰安婦は嘘をついている」といった主張や、安倍首相の「人身売買」発言は、非常にまずいのです。それまで政府の公式見解とされてきた河野・村山談話と異なる内容の発言や感情を逆なでする主張は、歩み寄りの可能性が十分にあるにもかかわらず、それを台無しにしてしまいます。

私が会談の席で提案したのは、日韓ともに歴史家による再検証を行うべきだということです。今、日韓双方で論戦を繰り広げている人の大半は、「歴史家」ではなく「思想家」です。思想家は時として、都合のいい〝歴史のつまみ食い〟をするものです。だからどうしても事態がこ

じれてしまう。なので、いったん思想家の皆さんには退場していただき、双方の歴史家が科学的な態度で歴史的事実の検証を再度行う。歴史の真実というのは一つですから、それがはっきりしたうえで、思想家や政治家が大いに議論を交わせばいいと思うのです。

しかしこの提案は、韓国側議員からは却下されました。「そんなことをしても、日本側が時間稼ぎをしていると思われるだけだ」と。これはある意味彼らの愛情なのですが、日本の立場から言えば、そう思われたとしても、今よりはよっぽどいい。

とにかくこの問題は、私の感覚では、落としどころは必ずあると思っています。ただそのためには、多少迂遠かもしれませんが、もう一度歴史的事実の丁寧な検証に立ち返り、その結果に基づいて、当事者の感情に十分に配慮した措置を講じていくべきだと思っています。

安倍首相とパク・クネ大統領、それぞれの思惑

パク・クネ大統領はよく、「反日カード」を切ることで国内をまとめていると言われます。たしかにそういう一面もあることは否定できませんが、大統領という立場になれば切るためのカードは無限にあるわけで、それらを上手く使い分けることができないと、とてもあの職責は務まらない。話はそれほど単純ではありません。

みなさんは2011年、韓国憲法裁判所（日本の最高裁にあたる）において、「元『慰安婦』の対日損害賠償請求権問題を解決するために政府が具体的な努力をしないのは、憲法違反である」という決定が下されたのをご存じでしょうか。パク・クネ大統領には、この決定が常に重くのしかかっているのです。韓国の大統領は、慰安婦問題に取り組まないことがそのまま憲法違反になってしまう状況だから、ことあるごとに慰安婦問題を俎上に上げざるを得ないのです。

日本との距離感について言えば、彼女の出自に注目する必要があります。彼女のお父さんは言わずと知れた朴正熙《パク・チョンヒ》、日韓基本条約締結時の韓国大統領です。パク・チョンヒさんはその前の大統領より日本に対し友好的なスタンスをとった人物として知られましたが、そのことが国内の反日勢力の反発を買い、彼のアキレス腱にもなっていました。

パク・クネさんが大統領に就任した当初、「あのパク・チョンヒの娘だから親日家に違いない、日韓関係は安泰だ」という日本側の論調もありましたが、私は「日韓関係は決して楽観視できない」と始めから言っていました。彼女は、日韓関係で政治的に苦労した父親の姿を間近で見ています。そして何より、竹島への上陸や天皇に対する発言などで物議をかもした李明博・前大統領の後を受けての大統領就任でしたから、対日姿勢にはどうしても気を遣う必要がありました。彼女は、日本に対していい顔をできない立場にならざるを得ないところから、大統領のキャリアをスタートさせているのです。

この彼女の複雑な立場を考えれば、日韓関係を再構築するためには、日本側からの働きかけが必要だったのです。日本のアクションによって、こじれた日韓関係をどうほぐしていくのか、身動きのとりづらいパク・クネ大統領に対して、日本からアプローチすることが求められていました。

前述のように、彼女の本音としては日韓関係改善に並々ならぬ意欲を持っていますし、韓国国民の多くの人たちも、日本との関係改善を望んでいます。

2013年4月22日の参議院予算委員会で、私は安倍首相に対し、いわゆる村山談話を引き継ぐかどうかを質問しました。村山談話は1995年、戦後50周年に際して当時の村山富市首相が閣議決定に基づき発表した談話で、日本の歴史的見解として以後の歴代内閣に引き継がれてきたものです。予算委員会での私の質問を、翌日付「東京新聞」の記事から引用してみます。

白 首相は二月の参院本会議で、一九九五年の村山富市首相談話に関し「わが国はかつて多くの国々、とりわけアジア諸国に多大な損害と苦痛を与えた。その認識について、歴代の内閣と同じだ」と答弁した。村山談話は引き継ぐのか。

首相 いま紹介されたのは、村山談話に私が共感できる点だ。安倍政権の考え方として談話を継承する、しない、ということではない。

白 村山談話を継承するかどうかを聞きたい。

首相 安倍内閣として、そのまま継承しているというわけではない。（戦後）五十年で村山談話が出され、六十年は小泉政権の談話が出された。戦後七十年を期し、アジアに向けた未来志向の談話を出したい。

私がこの時なぜ安倍首相に村山談話について質問したのかといえば、当時、北朝鮮が「ミサイルを発射するかもしれない」と緊張状態にあり、日韓で連携して対応するために、とにかく早く首脳会談を実現する必要があると考えたからです。そのために、「村山談話を継承する」というスタンス、さらに継承できない部分があればそれはどこなのかを明確にしておくのが有効だと感じていたからです。

私は当然、歴代内閣と同じように、安倍首相も村山談話の継承を表明すると思っていました。事実、これに先立って官房長官が「村山・河野談話を安倍内閣としても継承する」と言っていたのです。

ですから安倍首相が「継承するわけではない」と答えた時には、私は驚きました。「えっ、継承するんじゃないの⁉」。私には本当に想定外の回答だったのです。野党議員としては、本当は「どこが継承できないのか」と更なる追及をするべきだと思いますが、私はここで別の質問に移ってしまいました。これ以上首相が何か言えば、さらに日韓関係にひびが入り、首脳会談どころではなくなるからです。

そして翌日、同じく参議院予算員会で、自民党の丸山和也議員の質問に対し、村山談話に触れて「侵略という定義は学会的にも国際的にも定まっていない」と述べ、前日の私に対する答弁とセットで、村山談話に対する安倍内閣のスタンスが定着してしまいました。

二人ともがんじがらめの状況にある

この安倍内閣の村山談話に対するスタンスの表明は、何よりアメリカに懸念を与えています。日韓関係が安定しないことには、頭痛の種である北朝鮮への対応がどうしてもおぼつかないからです。

冷静に考えてみてください。日韓関係が悪化して、一番喜ぶのは誰でしょうか。

実は韓国国内には、北朝鮮シンパが少なくありません。スパイと言われるような人たちも暗躍しているかもしれない。韓国と北朝鮮は今も休戦状態であることを考えれば、そういった人たちのある種の工作によって今の日韓関係悪化が醸成されてきた可能性は、否定できないものがあるのではないでしょうか。

では安倍首相は、なぜこのようなスタンスになってしまったのでしょう。よく言われるのが、彼自身のパーソナリティが右翼的、国粋主義的であるということですが、私はそうは思いません。彼のお父さんである安倍晋太郎さんは非常に親韓的な政治家として有名でしたし、安倍晋三さん自身も、議員時代のパク・クネさんと何度も会ったことのある間柄です。だから安倍首相自身は、そこまで極端な考え方の持ち主ではないと思います。ただ、彼の取り巻きというか周辺にいる人たちの中に、極右ともいえる思想の持ち主やネトウヨ的な指向性を持つ人がいるのだと思います。

これを考えるには、自民党が２００９年の政権交代で一度下野したことが重要になります。あの頃の自民党は、政権奪還に向けてなりふり構わずといったところがあり、それまでの自民党では考えられないような勢力に接近していたのかもしれません。

民主党政権時代、例えば慰安婦問題で、いつもの調子で１２０％の主張が韓国側からなされます。それに対し、民主党はいかにも弱腰ではないかと批判していたのが排外主義的な勢力ですが、自民党はそこに同調していたのです。極右的な人たちが目を付けたのは民主党が議論していた永住外国人への地方参政権付与で、移民が押し寄せて来るとか、在日特権といったありもしないデマ（在日特権については第7章で詳述します）を拡散しました。長崎県の対馬が韓国人に乗っ取られるなどということまで、まことしやかに語られました。これがヘイトスピーチに代表されるような、今の風潮の萌芽となっているのです。そもそも自民党は公明党と最初に連立した際、永住外国人への地方参政権付与には賛成していたのです。

下野した頃の自民党はこういった勢力と同調し、永住外国人地方参政権に対しても明確に反対していました。そこにはかつての与党時代のおおらかな自民党の姿はありません。自民党は下野し、政権奪還を目指す途上で、ある部分が先鋭化されてしまった気がします。

今の安倍首相を見ていると、そういった彼を焚き付ける人たちに対し、引っ込みがつかなくなっているのではないかと感じます。そう考えると、がんじがらめになっているのはパク・クネ大統領だけでなく、安倍首相も同じなのかもしれません。

ポピュリズムと自国賛美

自民党に限らずですが、近年、日本の政治が右傾化しているとよく言われます。実は、この手の人は昔から政治の世界にはいたわけで、歴史修正主義的なことを言う人はいつの時代にもいました。

ただ、右翼的な言動や排外主義的な政策を、単なるポピュリズムから採用する人たちが近年出てきたことは、無視できない事実です。

たとえばある有名な元自民党の議員は、かつては永住外国人への地方参政権付与に賛成の立場をとっていました。しかし、急に反対側に回り、いままで彼と一緒に外国人参政権推進の運動を進めてきた周囲の人たちを驚かせ、落胆させました。ポスターに堂々と、「外国人参政権反対」と書いて選挙を戦ったのです。

これは、政治的信念に基づくものではなく、明らかに「こっちの方が票になる」というポピュリズムです。私に言わせれば本当の〝右翼〟ではありません。

他にも空港の外資規制の問題に際して、ポピュリズム的排外主義から反対にまわる政治家がいましたが、滑走路などの輸送インフラならいざ知らず、空港ビルの株主が外資か否かというのが、安全保障上の大問題とはとても思えません。こうしたポピュリズム的右翼が、本当に国益を考えたうえでふるまっているのか、非常に疑問です。

メディアの世界でも、最近はこういった風潮が目につくようになりました。さすがにテレビやラジオで、特定の国を罵倒するような番組はありませんが、それとは逆に、やたらと「日本はこんなに素晴らしい」という歯の浮くような賛辞を並べる番組が増えてきたのは、皆さんもよくご存じでしょう。

テレビ局はマーケティングに基づいてニーズがある番組を作りますから、この手の「日本素晴らしい！」番組が増えたのは、それだけ日本人が褒められたい、アイデンティティを確認したいと思っているということなのでしょう。これは、3・11以降、自信を喪失した日本人を励まそうという意図から始まった風潮かもしれませんが、あまりに言い過ぎると、どこか居心地の悪さを感じます。

かつて「ここがヘンだよ日本人」という番組があって、これは外国人が日本人の変なところをどちらかといえば批判的に指摘していく内容でしたが、今流行っているのはその逆、「ここが素晴らしいよ日本人」です。外国人に「ニッポン、スバラシイデス！」と言わせるその裏側に、私は今の日本人の自信喪失した姿が見えてきます。

近年欧州など海外に行くと、街の看板から走っている自動車から、日本のプレゼンスの低下を実感します。かつて学生時代、初めて韓国以外の外国に行ったときに感じた日本の存在感―あの頃は「ジャパン・アズ・ナンバーワン」と言われていたものですが、今はそれを国内に向けて、自分たちを鼓舞するように自分で言っているわけです。

国際社会における日本のプレゼンスの低下、やたらと自国を賛美する風潮、そして政治の場における排外的なポピュリズム。これらはすべて、同一の問題なのだと思います。

日本の閉塞状況とヘイト的風潮

この状況を、より現在の日本社会に即して見ていくと、日本の特に若者たちが抱える閉塞感にたどり着きます。格差社会化が進み、金銭的にも精神的にも余裕がなくなって追いつめられる人が増えていく中、今まで下に見ていたアジア諸国からキャッチアップされている現実。そして日々の生活空間の中で、実際に中国人をはじめとした外国人を見かける機会も格段に増えてきました。これが更に不安を増長させている気がします。

２０１５年1月28日の日本経済新聞に、「アジア10ヵ国若者調査」として、「今後３年以内に新たに買いたい製品・利用したいサービス」のアンケート調査結果（複数回答）が掲載されていたのですが、これは非常に考えさせられる記事でした。1位は、7ヵ国が「海外旅行」、３ヵ国が「車」であったのですが、日本だけが「スマートフォン」。中国の結果もスマートフォンが1位でしたが、同じく海外旅行も挙がっています。

これは何を意味するのでしょうか。私は、日本の若者はどうも面倒くさがっているのではないか、動きたくないのではないかと思ってしまいます。

確かにスマホがあれば、ＳＮＳを通じて世界中とつながることも可能です。わざわざ出かけなくてもいい。それどころか、スマホの中にはヴァーチャルな彼女（彼氏）だっている。しかもヴァーチャルだから、きれいなところだけと付き合っていけます。つまり彼らは仮に引きこもっていても、スマホでつながりは確保できる。そして実際には会ったことのない仲間たちと、お姫様を救うためにモンスターと戦っているような気分でいるのでしょう。

ただ、いくらヴァーチャルなつながりがあっても、引きこもっている限りは社会的に認められることはありません。あらゆる社会的属性を失っていった先、最後に残るのが「自分は日本人だ」というアイデンティティです。この最後に残ったアイデンティティが、ヘイトスピーチにつながるような昨今の風潮の根源にあるような気がします。

例えばこんなシチュエーションはどうでしょう。人間、いくら引きこもっていても腹は減るものです。「メシ作ってくれ」と親に頼めば済むこともありますが、そうはいかない場合もある。となれば彼はコンビニに向かいます。コンビニに行くと、アジア系の店員がいて接客してくれる。怪しげな日本語を使っているかもしれませんが、とにかく異国の地で働く外国人と、引きこもりの日本人がそこで対面するわけです。「俺は日本人だ」ということだけをアイデンティティに生きる彼にとって、いくばくかのプライドが傷つけられたとしても不思議はありません。家に帰って彼は、自分がヴァーチャルの世界で戦っているモンスターと、隣国から来た外国人を重ね合わせてしまう……こんなことがあるのかもしれません。

これは極端な例ですが、日本社会を覆う閉塞感となんとか折り合いをつけようと、ことさらに自分が日本人であることに依拠し、排外主義的な言動に向かっていく衝動が感じられます。

これは麻生さんの時からですが、安倍さんも選挙演説では秋葉原に行き、そこで日の丸を振る若者たちに向けて「美しい日本」などといったメッセージを発信しています。別に自分でわざわざ言わなくても、日本は十分に美しく素晴らしい国だと思う私は、この風景に違和感を覚えます。そしてそれがヘイト的風潮につながっているものだとすれば、そこに恐怖を感じるのです。

韓国社会の強力なしがらみ

一方の韓国社会はどうでしょうか。私は大きく2つの点において、日本と韓国の若者を取り巻く状況は大きく違っていると思います。

まずは韓国社会の、強力な地縁血縁のつながりです。8等親まで近い親戚とされる韓国社会では、物理的にコミュニケーションの機会がたくさんあるのです。儒教思想の影響が根強く、かなり薄れたとはいえ、親を敬う気風もまだまだ残っています。

例えば日本では、外食などでは一人で食べている人がかなりいますが、韓国で一人で食事をしている人を見かけるのはまずありません。必ず誰かと食べているのです。最近、韓国に赴任したばかりの人に、「一人で食べるところがなくて困っている」という話を聞いたのですが、韓国は料理からして、鍋や大皿料理など複数でつつくものが主流、「個食」には向いていません。

こうした韓国社会の特徴は、強力なしがらみとなって若者の苦悩につながることもありますが、社会からの孤立を回避させる方向に作用していることは事実です。

もう一つ韓国の若者にとって大きいのが徴兵制です。徴兵制の是非はさておき、誰しもが2年間、ケータイからもTVゲームからも隔絶され、厳しい環境で訓練を積むこの経験は、韓国の若者にとって決定的な体験です。ヴァーチャルな世界の対極にある、圧倒的な現実に直面せざるを得ないのです。軍隊でともに生活を送った仲間は一生の付き合いになる場合も多いと言います。

ただ徴兵は、親にとっては心の張り裂けるような思いを抱かせるものです。私の親戚は空挺、パラシュート部隊に配属されましたが、訓練で亡くなる若者も少なくない中、休暇で戻ってきたときに親は泣いていました。

私は何も、日本の若者は現実を知らず、韓国の若者はそうではないと言いたいわけではありません。韓国では何かのつながり、たとえば地縁、血縁、同窓生などがない場合、日本人とは比べものとならないぐらい冷たくなります。また私は社会学者ではありませんので、両国の違いにどのような意味があるのかを考察するものでもありません。ただ、現実としてこれだけ違うのだから、「愛国心」と一口に言ってもその内容は大きく異なっていて当然だとは思います。

嫌韓・反日、メディアの罪

最後に、世論を形成するうえで大きな役割を担うメディアの問題について、日本と韓国を比較しながら見ていきます。

私はメディアにはかなり関わってきましたが、テレビに出るようになって「へー、なるほどね」と思ったことに、〝売れる〟となれば寄ってたかって引っ張り出すのがテレビなのだ、ということがあります。

テレビの視聴率は非常に細かく把握されています。そして視聴率が上がった時に出演していた人が「数字を持っている人」、下がった時に出演していたのが「数字を持っていない人」となるわけです。「持っている人」には他局からもお呼びがかかりますが、「持っていない人」と見なされれば、もうその人はお役御免、これがテレビの世界です。

もともとこういった世界であるテレビが、メディアとしての矜持《きょうじ》を失ってしまったのは、ネットの出現と台頭がきっかけでした。ネットがメディアとして定着してくるようになると、広告主はネットへの広告出稿を当然考えるようになりますが、テレビや新聞の従来型メディアとネットの広告料は、当初まったく比較にならないくらいの差がありました。圧倒的にネットが安いのです。そうなると当然、広告主はネットに流れますから、従来メディアとネットのサバイバルが始まるわけです。

この過程で、テレビや新聞は倫理観を失ってしまったように思います。極端な話のほうがウケる、という思い込みがどんどん加速していきます。売れるものが正義のメディアの世界ですから、韓国の悪口を書いて売れたら、日韓関係などお構いなしに「どんどんやれ！」となるわけです。そしてやりたい放題にやっても「言論の自由」「表現の自由」で許されると思っている。こうしたメディアの劣化が、日韓関係を悪化させている大きな要因であることは間違いありません。

ただこれは、日本に限ったことではありません。むしろ、こうした無責任な煽りを先に始めたのは韓国のメディアです。「反日無罪」という言葉もありますが、反日的なことならなんでもありという風潮は、本当に恥ずべきことです。

結局、政治から社会風潮まで、あらゆる局面で出てきている現象の根本として、日韓両国の余裕のなさがあるように思います。がんじがらめの、にっちもさっちもいかない状況の中でお互いを罵り合っているのは、本当に悲しいことだと思います。言っておきますが、韓国でも中国でも、いくら攻撃的な言説をぶつけたところで、「参った」なんて絶対に言わないですから。本当に不毛な罵り合いが続くだけなのは目に見えています。

第3章 日本のホンネ、韓国のホンネ

大声で叫ぶ人々と声を上げられない人たち

がんじがらめにこじれてしまった日韓関係。当然、日本にも韓国にも、「さすがにこれは良くない」「どうにかしないといけない」と思っている人はたくさんいます。では、こういった人たちの声を日韓双方の社会できちんと流通させるためには、どうしたらよいのでしょうか。

私はまず話の前提として、「日韓関係が悪化して一番困っているのは誰か」ということを確認しておきたいと思います。

日韓関係が悪化して苦しい思いをしているのは、誰あろう在日コリアンの人たちです。在日コリアンには飲食店など自営業をされている方が多いですが、日韓関係の悪化は、具体的に彼らの商売にダメージを与えるからです。

これは大久保などコリアンタウンに限った話ではありません。全国で在日コリアンの悲鳴が上がっているのです。

彼らの大半にとって、竹島や慰安婦のことなど日々の商売とは何の関係もないことなのです。それより、自分の商売がうまくいくかどうか、そのことだけを日々案じて生きているのです。ですから、そういった政治的争点を掲げて大久保でデモをしている排外的グループがありますが、それは本当にトンチンカンなことで、在日コリアンにとって竹島や慰安婦の問題などどうでもいいことで、彼らほど切実に日韓関係の改善を祈っている人たちはいません。

そういえば皆さんは、2001年に発生した新大久保駅の乗客転落事故を覚えていらっしゃるでしょうか。新大久保駅で酔ってホームから転落した男性客を助けるために、日本人カメラマンと韓国人留学生が線路に飛び降り、結果3人とも亡くなってしまった痛ましい事件ですが、私はこの事件を美談として取り上げたいのではなく、コリアンタウンの日常の中で起きた事故だということをもう一度思い出してほしいのです。それくらい韓国人や在日コリアンは、地域に密着して生きているということです。

ヘイトデモでは〝在日特権〟という言葉がやたらと使われていますが、具体的にそれはどういったことを指しているのでしょうか。私は在日特権など見たことも聞いたこともありません。そんなものはでっち上げ以外の何物でもないのです。彼らは自分たちの永住権を本当に大切に

郵 便 は が き

料金受取人払郵便

神田局
承認
2625

差出有効期間
平成29年10月
31日まで

101－8791

507

東京都千代田区西神田
2-5-11出版輸送ビル2F

㈱花 伝 社 行

お名前《ふりがな》

お電話

ご住所（〒　　　　　　）
（送り先）

◎新しい読者をご紹介ください。

お名前《ふりがな》

お電話

ご住所（〒　　　　　　）
（送り先）

愛読者カード

このたびは小社の本をお買い上げ頂き、ありがとうございます。今後の企画の参考とさせて頂きますのでお手数ですが、ご記入の上お送り下さい。

書 名

本書についてのご感想をお聞かせ下さい。また、今後の出版物についてのご意見などを、お寄せ下さい。

◎購読注文書◎

ご注文日　　年　月　日

書　名	冊　数

代金は本の発送の際、振替用紙を同封いたしますので、それでお支払い下さい。（2冊以上送料無料）

なおご注文は　FAX　03-3239-8272　または

メール　kadensha@muf.biglobe.ne.jp

でも受け付けております。

しています。特権はおろか、永住権を剥奪されないよう慎重に生きている人たちです。後ほど触れますが、永住権はいとも簡単に取り上げられてしまうものです。日本にいる外国人で特権が与えられているのは、私には在日米軍くらいしか思い当たらないですね。

さて、冒頭でも触れたように、在日コリアンの立場と同じように、日韓関係の改善を心から願っている人は日本・韓国ともにたくさん存在します。政治から民間まで、私も多くの方を存じ上げています。

ですが、そういう人は「何とかしなくちゃ」と思いながら、声を上げられないのが現実です。今声を上げても難癖を付けられて無用な論争に巻き込まれるだけだと思っているのです。だから「そのうちお互いわかるだろう」と黙して語らずの態度を貫いている。

でもそうやって良識ある人たちが黙ったままだと、また喧《やかま》しく言い立てる連中が図に乗ってあれやこれやと言ってくる。今はそういう状況です。

結局は気分の問題!?

いろいろ言いたいことはあっても、社会の中で生きていくためには現実的に考えて口をつぐむ必要があるという事情は私にもよくわかります。

ただ、政治の場面では、お互いに言いたいことをぶつけ合って議論し、物事を前に動かしていくことが必要です。しかし、私はあ然とするような場面にいくつも立ち会ってきました。

例えば日韓議員連盟でのことです。日韓議連は超党派の議員連盟で、国会議員であれば誰でも参加できます。現在のイメージからは意外に思われるかもしれませんが、大半は自民党の議員で構成され、安倍晋三首相もメンバーで現在は顧問を務めています。ですから日韓議連には、考え方も様々な人がいます。決して親韓的な議員だけでなく、韓国に対し厳しい姿勢の持ち主もメンバーに含まれています。

私が驚いたのは、第2章で述べた日韓議連の訪韓に際し、慰安婦問題で強硬姿勢をとっていた議員が何人かいましたが、そういった人で韓国に行った人は一人もいなかった、ということです。また、日本で行われた日韓議連の総会でも姿を見かけませんでした。あれだけやいのやいの言っていたにもかかわらず、韓国側と正面から議論ができるまたとない機会に参加しない。言いたいことがあれば正面から言えばいいじゃないかと思っている私にとって、本当にがっかりさせられる出来事でした。

また民主党の内部でも似たようなことがありました。党内で永住外国人への地方参政権付与の是非を議論しようと、岡田克也さんをトップに会合を開いたことがありました。その時、賛成派と反対派それぞれの有識者を招いていたのですが、いざ私が反対派の有識者と議論をしようとすると、反対派の有識者は「他に用がある」とかで退席してしまったのです。私はここでも驚きを覚えました。

日韓議連の件も党内の件も、結局は内弁慶なのです。自分と異なる意見の持ち主がいないところで強気に攻撃的なことを言い、いざ相手が出てくる場面では議論をしない。先ほど、日韓関係の改善を願っている人が口をつぐんでいると述べましたが、それとは違ってこの場合は内弁慶で、敵対する相手がいない場合に限って声が大きいように感じられます。

こういう場面を目の当たりにすると、そこに論理や倫理は何もないのかな、と思います。これは政治家に限らず、評論家や学者でもそうです。そしておそらく、韓国にも同じような状況があるのでしょう。

結局そういう人たちの本質は、単に「韓国が気に入らない」「日本が気に入らない」ということに過ぎないのです。そういった人を相手に議論をするのは単なる消耗ですし、関わり合いになりたくないというのが本当のところ。心ある人たちが「黙して語らず」となってしまうのも、無理はないかなと思います。

慰安婦は心の問題

もう少し、私が実際に会ってきた人たちの話を続けます。

私は慰安婦だったという韓国人女性に会ったことがあります。いろいろなお話を聞きましたが、正直「この人の記憶、変だな」とか「おかしなことを言っているな」と感じたこともあります。

でも、考えてもみてください。私たちだって、1週間前のお昼に何を食べたかと訊かれて、何人が正確に答えられるでしょうか。ましてや相手は老人で、70年以上も前の話をしているのです。日記でも付けていれば話は別でしょうが、彼女らの大半は文字も書けない人たちなのです。

これは別に、彼女らがそういう境遇にあったから、ということではありません。日経新聞に「私の履歴書」という名物コーナーがあって、政財界や芸能・文化界のトップクラスの方がご自分の来歴を語っていますが、私はかつて担当記者から「時代考証が大変だ」という話を聞いたことがあります。つまり、人間誰しも過去の記憶は自分の都合に合わせて書き換えてしまうものなのです。人間の頭なんて、そういう風にできているのです。

もちろん、事実の検証が必要であると私は先に述べましたが、当事者の証言に一言一句矛盾がないかどうかを追究することに、そんなに意味があるとは思えません。それよりも、まずは「大変な思いをされたんですね」と思いを寄せることが何よりも大事なのです。慰安婦問題は人と人の問題であり、心の問題であるという認識を共有することが、まずは必要だと思います。

向いてもらえればそれでいい

結局、あれこれ言う人は日本にも韓国にもいて、同時に、何も言わずに双方を行き来している人もまたいるのです。別に韓国のことなど好きではなくとも、韓国の人気グループ・東方神起が好きで韓国に通っている人だっているわけで、私はそれこそが素晴らしいことだと思っています。

私が「朝鮮日報」時代から思い続けているのは、とにかく日本の人に、韓国の方を向いてほしいということです。嫌いでもいいから、関心を持ってもらいたい。好きだろうが嫌いだろうが、隣の国同士、付き合っていかなければいけないわけで、お互いのことを知らない限りは何も始まらないのです。

私はとにかく、お互いを知るきっかけを作ってもらいたいのです。そのためにはぎすぎすとした政治の話ではなく、何か楽しいことをやろう、楽しくなるようなアイデアをお互いから出していこうということをずっと考えています。例えば「キムチ味のジュースが韓国で発売された」というニュースがあったら、それを日本に紹介したい。「げっ、どんな味だ⁉」と日本の人に思ってもらえれば、それでいいのです。楽しいところ、愉快なところには必ず人が集まってきます。たとえば1000人の人が集まってきたとして、そのうちの1人でも日韓の不幸な歴史に目を向けてくれることがあれば、という思いは今も変わりません。そこから交流が始まり、お互いの国益が生まれるのです。

そういう思いで両国を見つめながら生きてきた私には、今がどんなに大変な状況であっても、日本人が韓国について何の知識も関心ももっていなかったあのソウル五輪以前の状況に比べれば、いくらかマシな時代になったといえます。

ただ、現在の悪化した日韓関係に苦しめられている在日コリアンの人々や、日々のビジネスで両国のコラボレーションを行っている人、お互いの文化が好きで交流している人などの活動に支障をきたすほど、実体の無い言葉の応酬がなされているこの状況はなんとかしなければならない、そんな思いでこの本を書いています。

Ⅱ どうなる日本、これで大丈夫？

第4章 日本はここを見直そう

規制と既得権を打破せよ!

いままで述べてきたように、現在の日韓関係は、実質的には切っても切れない深い関係にあるにもかかわらず、両国の余裕のなさからくる感情のもつれが、ついに実体に影響を与えるまでになっています。この状況を変えていくには日韓両国の歩み寄りが不可欠なのですが、アジアの先進国の先輩として、まずは日本がかつてのような自信を取り戻し、大人の対応を取っていくことが重要だと思います。

この章では、日本と韓国の関係改善を踏まえながら、日本再生に向けての私の考えを述べていきます。少し厳しめの内容になるかもしれませんが、日本を愛し、日韓両国の関係改善を願う者としての、愛のあるダメ出しだということをご理解いただけると幸いです。

まず、通信の分野に関してですが、これは日韓両国に明確な差がついてしまったように思います。

日本にはガラケー、ガラパゴス携帯という言葉があって、国内以外では通用しない、日本独自の携帯電話を指すやや自虐的な表現だと思いますが、世界トップクラスの技術力をもつ日本が、なぜ携帯電話でグローバル競争に負けてしまったのでしょうか。

原因は政府の規制です。周波数の制限など日本独自の規格を定めたことで、各メーカーはそれに沿った携帯を作らざるを得なかった。これがガラケーの開発に注力し、現在主流のスマートフォンで世界市場を獲れなかった最大の要因でしょう。

現在のスマートフォンではなくまだ携帯が主流だった頃の話です。携帯の液晶画面が初めてカラーになったとき、私はそれを韓国人の知人に見せたのですが、「日本はすごいね」と感心していました。しかし今はどうでしょう。スマートフォンではアメリカ・アップルのアイフォーンと並び、韓国・サムスンのギャラクシーが世界市場を席巻しています。携帯の時代には明らかに日本がリードしていたのに、グローバル競争の局面になると韓国企業が勝ってしまったわけです。

携帯（スマホ）でシェアを獲得するのは、数字以上に効果が大きいのです。だって現代人は、一日中スマホをいじっているではありませんか。その間ずっと、「ＳＡＭＳＵＮＧ」というロゴが目に入っているのです、これほどの宣伝はありません。毎日見慣れているロゴですから、自然と違和感はなくなってくる。そして例えばテレビを買いに行った際、今までは日本のメーカーの製品しか使ったことがなくても、見慣れた「ＳＡＭＳＵＮＧ」のロゴが付いたテレビに目が行くようになるわけです。それで実際性能も良く価格も安いとなれば、自然とそちらを選ぶもの道理でしょう。

通信分野については、日本は仕様をはじめからオープンな、国際規格のものにするべきでした。そうしなかった背景にあるのは、やはり第2章でも触れた、内需でもある程度やっていけるという日本の事情があります。内需への甘えが、国際競争を阻害したのです。

規制と既得権がガチガチなせいで国際競争に勝てないことがある一方で、会計基準などはグローバル化し、株価至上主義経営で株主の方ばかりを向くようになり、従業員の家族的なつながりを破壊しています。非常にちぐはぐなことをやっているのです。

日韓通貨スワップ終了は感情的

２０１５年2月、日韓通貨スワップ協定の終了が話題になりました。通貨スワップは、各国の中央銀行同士が協定を結び、自国の通貨危機の際、自国通貨の預入や債券の担保などと引き換えに、一定のレートで協定相手国の通貨を融通しあうことを定めるもので、日本と韓国の間では2005年に結ばれていました。

実は日韓通貨スワップの終了については、野田政権の時にも議論になっていました。当時のイ・ミョンバク大統領の竹島上陸や天皇に対する発言などを受けたもので、この時も「終了すべきではないか」という意見が政権内に沸き起こったのです。私はその時、終了すべきでないという立場でした。そもそも金融の話に政治的事情を持ち込むのがおかしいのですが、感情的に判断していいのですか？　という疑念が常にあったのです。

日本が通貨スワップを終了すれば、韓国はどうなるでしょうか。口では「もう必要ない」と言っていますが、例によって韓国の言うことを真に受けてはいけません。日本が離れたら、韓国は中国を頼りにする以外にないではありませんか。韓国と中国が経済・金融面でさらにつながりを深めるとは、日本にとってどういうことでしょうか。それでなくても家電や自動車で韓国メーカーに押されている日本企業が、より中国市場で苦戦することにはならないでしょうか。

確かに近年、日本と韓国の間には政治的懸念事項がありますが、そこから感情的に金融政策を変更してしまうのはあまりにも愚かです。理論も何もありません。こういった問題は、相手と十分なコミュニケーションをとりながら、何が最終的に国益になるのかを冷静に見極め、最適な判断を下す冷静さをもってあたることが必要なのです。

ＡＩＩＢには参加するべきだった

最近の日中韓をめぐる大きな動きとして注目すべきことに、中国がＡＩＩＢ（アジアインフラ投資銀行）の設立を提唱したことがあります。ＡＩＩＢはアジアのインフラ整備のための国際金融機関で、日米が主導するＡＤＢ（アジア開発銀行）では賄いきれないニーズに応えようとするものです。アジアの国々はほとんどが参加を表明しており、東アジアで参加していないのは日本と参加拒否された北朝鮮くらいのものです。

日本はアメリカに付和雷同するかたちで不参加を表明したのですが、私は入るべきだったと思っています。当初、アジアの国々しか入らないであろうと思われていたＡＩＩＢですが、イギリス、ドイツ、フランス等ヨーロッパの主要国も相次いで参加を表明し、日本に大きな衝撃を与えました。特にイギリスの参加表明は、この上ないインパクトをもたらすものだったのです。

イギリスは非常に金融を重視しています。世界の金融の拠点である「シティ」もロンドンにありますが、そのイギリスが「ここに商機あり」と判断したわけです。イギリスが参加したということは、英連邦がまとめてなびくことを意味します。

日本はアメリカと同調して、運営の透明性などに難癖をつけて参加しませんでしたが、これは世界の潮流を完全に見誤った判断であり、著しく国益を損なうことにつながると思います。ＡＩＩＢはＡＤＢとは別物なのです。日本のビジネスチャンスを拡大するものであるのだから、変な意地を張らず参加すればよかったのです。

実は、まだ経済が元気だった頃、日本は同じような構想を持っていました。アジア諸国の間で円を基軸通貨とした「円の経済圏」をつくろうと、投資銀行の設立を目論んでいたのです。

結局この試みはうまくいきませんでした。つまり中国は、日本がかつて考えたアイデアを真似ただけなのです。中国経済の台頭と日本経済の衰微を象徴するエピソードですが、ＡＩＩＢ不参加というのはきわめて残念な話だと思います。

尖閣問題の落としどころ

ＡＩＩＢへの不参加の背景に、中国への感情的嫌悪感があるのは明らかですが、日本と中国の関係悪化の火種になっているのが尖閣諸島をめぐる問題です。

２０１４年11月、ＡＰＥＣ（アジア太平洋経済協力会議）首脳会議の開催中、北京で日中首脳会談が行われました。これが初顔合わせとなる安倍首相と習近平主席でしたが、習近平主席は終始不機嫌な表情で、会談もほとんど内容のないものだったと言われています。この会談に先立ち、「4つの原則に関する合意文書」なるものが日中両国から発表されましたが、この3つ目が尖閣問題に関する内容です。

双方は、尖閣諸島等東シナ海の海域において近年緊張状態が生じていることについて異なる見解を有していると認識し、対話と協議を通じて、情勢の悪化を防ぐとともに、危機管理メカニズムを構築し、不測の事態の発生を回避することで意見の一致をみた。

まさに玉虫色というか、日中双方の官僚が苦心惨憺してひねり出したということがわかる文章ですが、これは日本にとっては外交的失敗であったと思います。

日本は従来から、尖閣諸島に関して「領土問題は存在しない」という立場でした。なぜなら尖閣諸島は日本が実効支配しており、言い争う余地もなく明白に日本の領土であると思うからです。

しかしこの合意文書では、「異なる見解を有していると認識」とあるものの、尖閣諸島を巡って情勢が悪化していることは認めるようになっており、つまり尖閣を巡って領土問題が存在するという、中国側の主張に寄った内容にも読めるのです。これは日本外交の失態であり、中国外交からしてみれば譲歩を勝ち取ったとも言えるでしょう。

尖閣問題に限りませんが、このように中国はしたたかなのです。中国に限らず韓国だってアメリカだって、外交交渉においては非常にしたたかです。今の日本のように、感情論に振り回されて0か100かというような幼稚な考え方ではダメで、いろいろな策略を尽くして、最終的に51：49の51が取れればそれでOKというのが外交ではないでしょうか。そのくらいしたたかさが求められる、シビアな世界なのです。

第2章で私は竹島問題に触れ、国際司法裁判所に判断を委ねるべきだという考えを示しましたが、これは尖閣問題についても、こうしたほうが効果があると思ってのことです。竹島は韓国が実効支配しており、尖閣は日本が実効支配しています。つまりちょうど日本にとって逆の関係にあるわけですが、竹島を実効支配している韓国に対して「国際司法裁判所に提訴しますよ」とアピールすることは、尖閣を実効支配する日本に対し領有権を主張する中国へ、「あなたも提訴してみてはどうですか」というメッセージを暗に送ることになるのです。もし第三者に判断を委ねるのであれば、私は両方とも日本に分があると思っています。

外交で大事なのは、世界はどう見ているのかということを常に意識することです。自分の主張をただ繰り返すだけでは、目指す利益はまず得られません。感情論に突き動かされる安倍政権では、外交に不可欠なしたたかさを持ちようがないのです。

外交に不可欠な〝したたかさ〟

少し話がそれますが、したたかさが足りないということでは、ロシアとの北方領土を巡る問題でも同様です。

日本は4島返還を主張しており、政権周辺の論者は2島返還論などを「国辱ものだ！」「日本の威厳が保てない」などと排除するのですが、明らかにプーチンは「2島なら返す」という意思があったのですから、返してもらえるものはまずは返してもらったほうがいいに決まっている。そして「これでは済まない。残りの2島も返してね」と言うべきだと思います。ロシア側はそれで幕引きを図りたいのかもしれませんが、少なくとも4島をロシアが実効支配している現状からは確実に進歩します。なぜそのような現実的な判断ができないのか。外交はゼロサムゲームではないのです。

沖縄返還もそうでした。アメリカは沖縄全域を返還しましたが、返還に際しては、新聞等では密約が存在していたと報じられています。内容の良し悪しはさておき、外交というのはこのようなしたたかさをもって当たらなければ、結果的に国益を損ねてしまうのです。

安倍政権の外交姿勢の幼稚さは、気分的なもの、感情的なものに左右されている点にあります。威勢のいいこと、例えば「どうだまいったか」みたいなことを言えば、国内の自称右翼の人たちを喜ばせるくらいにはなるかもしれませんが、結果的に国益を損なってしまうようでは何の意味もありません。

第5章 安全保障を考える

真の安全保障とは

東京外国語大学教授で紛争解決請負人としても知られる伊勢崎賢治先生がおっしゃっていたのですが、自衛隊が丸腰で紛争地に派遣され、復旧工事をしたり道路を造ったりしていることが各国に尊敬されているといいます。伊勢崎先生は「美しい誤解」とおっしゃっていますが、日本は平和国家であるというイメージが世界にはあるのだから、それを利用して武力によらない国際貢献をすることが、日本の安全保障を確固たるものにするという考え方です。

また、アフガニスタンで人道復興支援に関わっているペシャワール会の中村哲医師は、かつて国会に参考人として招致され、「民間による民生支援だけでいい」とおっしゃっていました。軍事支援は必要ないというのです。

私はご両人がおっしゃっているような国際貢献こそ、日本にとって究極の安全保障ではないかと思います。平和国家日本のイメージを大切にし、紛争地域で軍事以外の貢献を行うこと、ここで信頼を高めることはテロのリスク軽減につながるのです。

ですから今の安倍政権のような、隣国を仮想敵国に設定し、相手が武装したから自分も、といった姿勢は、安全保障上のリスクを高めるだけです。そうではなく、隣の国に武器を持たせないよう手を尽くすのが政治家の仕事ではないでしょうか。

そのためには、まずは相手を貶《おとし》めたり逆撫でするような情報発信を控えることです。いくら考え方が違うからといって、近所づきあいするのにご近所の悪口を言うようなことがあるでしょうか。結局安倍政権は、周辺国を仮想敵にして威勢のいいことを言って、自分の支持を得ているだけなのです。本当の国益とは何かを考えているとはとても思えません。

先ほど、現政権の対米従属一辺倒に異議を唱えましたが、アメリカとて日本の対韓国、対中国の関係悪化を良くは思っていないでしょう。アメリカも一枚岩ではなく、いろいろな考えをもった人がいると思うのですが、中には、日米安保の枠組みを越えて日本が軍事国家への道を突き進み、かつての大日本帝国復活を懸念する人もいると聞いたことがあります。

日本には、平和国家として日本にしかできない国際貢献のかたちがありますし、現に人道支援などの分野で実績を積み重ねてきました。それこそが日本が目指すべき安全保障のための方途であり、隣国を仮想的にして軍拡競争にいそしむことが安全保障だとはとても思えないのです。

日本の転換点――安保関連法制再考

2015年の政治を語る上で、いや、日本の戦後政治を語る上で避けて通れないのは、安倍内閣が閣議決定し、最終的に国会を通過させた安全保障関連法制に関する一連の動きです。この法改正は、戦後日本が築き上げてきた平和国家としての地位を、場合によっては放棄することになるばかりか、実際に安全保障上のリスクを負うことになる可能性があります。

国会前デモなど、国民の声も空前の盛り上がりを見せた一連の安保法制をめぐる動きについて、ここで改めて、私の感じたことや立場を記しておこうと思います。

国会には「委員会」というものがあり、すべての議員は何がしかの委員会に所属しているのですが、今回の安保法制についても、「我が国及び国際社会の平和安全法制に関する特別委員会」が衆参両院どちらにも存在し、私も参議院側45名のメンバーに名を連ねていました。委員会というのは希望した議員が誰でも入れるわけではなく、議席に応じて各党に人数が割り振られており、民主党の枠は11名なのですが、そこに入れていただきました。

ですので、国会での議論に先行して、委員会でこの問題の議論を進めていたということを、まずは押さえておいていただければと思います。

2015年になって注目の集まった安保法制ですが、これに先んじた動きとして、2014年7月1日、安倍政権は解釈変更による集団的自衛権の行使容認を閣議決定しました。この時安倍首相は、「なぜそのような大事なことを国民の意見を聞かずに決めるのか」という批判に対し、「この閣議決定を受けてこれから国会で審議を進めていくことになるので、そこで国民の意見は反映されることになる」と答えました。それが、2015年の夏から秋にかけての国会審議につながったわけです。

そもそも、なぜ安倍内閣はこの閣議決定に至ったのでしょうか。それは、当初目指していた憲法96条の改正（憲法改正手続きの変更）がかなわなかったため、憲法に触れることなく解釈の変更で集団的自衛権行使容認を目指すというものでした。閣議決定やそれに続く法案の内容以前に、手続きとしてとんでもない暴挙であったと思います。

集団的自衛権を認めたいのであれば、まずは憲法改正から行う、すなわち国民投票を行わなければならないはずです。そもそも安倍政権は、アベノミクスや消費税率引き上げの先送りなど、経済を優先課題とした解散総選挙で国民の信任を得たのにもかかわらず、政権公約の後ろの方に数行だけ書いてあった安全保障問題を、国会で戦後最大の延長をしてまで強行採決したのです。これは国民に対する裏切り以外の何物でもありません。

私が一連の動きの中で最大の問題だと思うのは、国民が理解していない状況の中で、11本の法律を10本（平和安全法制整備法の各法）と1本（新設の国際平和支援法）に分け、まとめて国会に提出していくという荒っぽいやり方です。国民が理解していないのであれば説明を尽くすのが政府の責任であって、「いずれわかる」というのはいかにも無責任です。そして法案が通ってしまえば話題を再び経済に切り替えるというのは、「国民にはメシの話をしとけばいいんだろ」とでもいうような国民を愚弄した態度としか思えません。

今回の政府のやり方を、国民は決して忘れてはならないと思います。

「集団自衛」と「集団的自衛権」

このように手続きそのものに大きな問題があった安保関連法制ですが、その中身にも大きな問題があります。

まず、国民の多くの方は「集団的自衛権」とは何なのか、正しく理解していないと思います。

つまり、「自国（日本）を他国（同盟国）と一緒に守る」ことを集団的自衛権であると思っているのです。これは大きな間違いです。「自国を他国と一緒に守る」ことは「集団自衛」であって、言葉は似ていますがまったく違う概念です。

では、集団的自衛権とは何なのか。これは内閣官房のホームページにこう明記してあります。

> 集団的自衛権とは、国際法上、自国と密接な関係にある外国に対する武力攻撃を、自国が直接攻撃されていないにもかかわらず、実力をもって阻止することが正当化される権利です。

ここでの肝は、「自国が直接攻撃されていないにもかかわらず」という部分です。つまり、まだ日本が武力攻撃を受けていない段階で、わざわざ出かけて行って武力行使することを認めるのが集団的自衛権なのです。相当に能動的な概念だということがお分かりいただけるかと思います。

この集団的自衛権の行使容認に対し、多くの国民は「北朝鮮が攻めて来たらどうするんだ」「中国が攻めて来たら……」と擁護するのですが、それは「集団自衛」で対応する問題であって、「集団的自衛権」を日本が行使するかどうかという問題とは、まったく別の話なのです。

「集団自衛」と「集団的自衛権」の混同は、国民の理解力の問題ではありません。これは明らかに、政府が意図的に混同するように説明したからです。集団的自衛権容認のために隣国を仮想的とし、あろうことか脅威論を煽るとは、まったく今の時代に逆行した行為です。安倍首相は閣議決定の際、「もはや一国のみで自国の安全を守ることはできない」と法案の意義を強調していましたが、これは「集団自衛」を「集団的自衛権」にすり替える明らかなミスリードなのです。

実際、この間も安保法制推進派から聞かれた彼らの論拠は、ほとんどが脅威論でした。繰り返しますが、他国からの侵略に対し同盟国と一緒に日本を守るのは、現状の日米安保の枠組みで対応できることで、個別的自衛権での対処となります。集団的自衛権とは「他国が攻めて来た時どうする」という受動的な概念ではなく、アメリカにとっての敵国にわざわざ出かけて行って武力行使をするという能動的な概念なのです。

憲法9条と武力行使の3要件

敵が攻めてきた際に他国と一緒に日本を守る集団自衛は、既存の日米同盟の枠組みで十分に機能します。この場合アメリカは、自国が攻められていないにもかかわらず日本の敵と戦うわけですから、集団的自衛権を行使していることになります。いっぽう日本は、憲法9条の縛りがあるため、集団的自衛権を行使できない、というのが歴代内閣の見解でした。ここで念の為、日本国憲法第9条を引用しておきます。

第9条　日本国民は、正義と秩序を基調とする国際平和を誠実に希求し、国権の発動たる戦争と、武力による威嚇又は武力の行使は、国際紛争を解決する手段としては、永久にこれを放棄する。

2　前項の目的を達するため、陸海空軍その他の戦力は、これを保持しない。国の交戦権は、これを認めない。

1項はいわゆる戦争放棄を明記した条文ですが、戦争放棄だけであれば、イタリアなど他国の憲法にも明記されている場合があります。これだけでは平和憲法として十分とは言えません。日本国憲法が世界に類を見ない平和憲法であると言われるゆえんは、2項の戦力不保持と交戦権の否定にあります。この部分こそが日本のオリジナルであり、今まで集団的自衛権が容認されない根拠でした。

戦力不保持を謳う憲法に「では自衛隊はどうなるんだ」という議論は昔から存在しました。こういった声に対し最高裁判所は、「自衛隊は合憲である」という判決を下しています。その根拠となるのは自衛権で、敵が攻めてきたときに何もしないというわけにはいかないだろう、せめて相手を追い払うくらいのことは当たり前の権利として認められるだろうということで、「専守防衛」ということであれば、自衛隊は合憲であると判断したのです。これは、憲法13条で定義される「幸福追求権」を保障するため、国民の生命を守るのが政府の責務であることを鑑みても、妥当な判断だと思います。

ただし、専守防衛を徹底するために、いままで政府は自衛隊の武力行使には「3要件」が揃わないと認められないとしてきました。次のようなものです。

①わが国に対する急迫不正の侵害があること
②この場合にこれを排除するために他に適当な手段がないこと
③必要最小限度の実力行使にとどまるべきこと

今まではこの3要件によって、自衛隊の武力行使は厳しく制限されていたのです。

これに対し安倍内閣は、集団的自衛権行使容認の閣議決定を受け、3要件の内容までも変更しました。以下が「新3要件」と呼ばれるものです。

①わが国に対する武力攻撃が発生したこと、またはわが国と密接な関係にある他国に対す

る武力攻撃が発生し、これによりわが国の存立が脅かされ、国民の生命、自由及び幸福追求の権利が根底から覆される明白な危険があること
②これを排除し、わが国の存立を全うし、国民を守るために他に適当な手段がないこと
③必要最小限の実力行使にとどまるべきこと

特に1項目の傍線部分が、集団的自衛権行使容認を受けて変更・追加された部分です。こういった変更と内容的に合致するのが、2015年に成立した安保関連法制です。

みなさんはこういった2014年段階からの安倍政権の動きをご存じだったでしょうか？

ここまで周到に準備を進め、最後は数にものを言わせて強引に押し切ったのが安保関連法制なのです。

集団的自衛権を認めるなら、日米安保も見直しが必要

これまで集団的自衛権がいかに理解されていないか、集団的自衛権行使を認めることがいかに憲法に反しているかを説明してきましたが、日米安保の観点から見ても、大いに問題があると思います。

すでに述べたように、日米間では従来、集団的自衛権が認められるのはアメリカだけという、ある意味片務的な関係にありました。これは日本には憲法9条があるために縛りがかけられるからですが、「同盟国なのだから片務的なのはおかしい」という意見もあるかと思います。

しかしよく考えてください。辺野古への基地移設問題は沖縄を苦しめていますが、そもそも米軍が駐留を許している国があるでしょうか。先進国の中でこれだけ多くの人数の他国軍隊の駐留を許している国があるでしょうか。日本にあれだけの基地を有していることが、先進国ではありえないことなのです。

さらに日本政府は、長年にわたって在日アメリカ軍に対する「思いやり予算」を支出してきました。平均して年間2000億円程度の税金を、アメリカ軍のために使ってきたのです。私は一度国会で質問したことがあるのですが、米軍の宿舎には電気メーターがないそうです。日本のどこの家庭に、電気メーターのない家があるでしょうか?

つまり、その内容の是非はさておき、集団的自衛権を使えない代わりに、日本はこれまで別の方法でバランスをとってきたし、それが日米同盟という関係でした。

ここで、日本も集団的自衛権行使を認める、アメリカの敵に対し一緒になって戦うことになるのであれば、当然、今までの日米同盟の枠組みを見直すべきだろうと思います。日本も相応のリスクを負うようになるのですから、日米地位協定の見直し含め、抜本的にバランスを取りなおす必要がある。それが「同盟国」ではないでしょうか?

しかし、安倍政権や安保推進派から、ついぞそのような声は聞こえてきません。安倍首相は2015年4月、米上下両院会議において、夏までの安保関連法案の成立を〝約束〟しましたが、そのようにアメリカの顔色をうかがい、喜ばせるようなことはしても、対等なパートナーとして日米関係を抜本的に見直すことは考えていないようです。

自衛隊員の命はどうなる

この法案は、国会で審議されればされるほどボロが出てきて、中谷防衛大臣が答弁を撤回したり、防衛相と首相の答弁に食い違いが生じるなど穴だらけの状況の中、政府与党は強引に押し切ったわけです。

この世紀の悪法が成立したことで、私が最も懸念しているのが自衛隊員の命の問題です。集団的自衛権の行使容認、すなわち積極的に海外の戦地に自衛隊が出ていくことも可能になったことで、任務の危険性が格段に増すのは明らかです。

私は自衛隊員の装備品を調べたことがあるのですが、かつて、隊員一人ひとりが所持している救護セットは、包帯のみという時代がありました。ハサミすらないのです。それが東日本大震災を受けて多少は充実したのですが、未だにゴーグルは全員に支給されていないとのことです。実際の戦地では、爆弾の破片などが飛び交っていてゴーグルは必須アイテムなのですが、それが全員に装備されていない。この、救護や防御用品が手薄なのは、旧日本軍からの悪しき伝統のようです。

また、衛生兵というのをご存じでしょうか。よく戦争映画に出てくる、戦場で医療活動に従事する兵員のことですが、自衛隊では「看護陸曹」がこの衛生兵に該当します。

ところがこの看護陸曹は、看護師の資格に準じているため、医師資格を持つ医官の指示がないと投薬や注射、縫合などができないというのです。医師法の縛りが戦場にまで影響してくる、これは諸外国では考えられません。

これも国会での指摘を受けて、今大急ぎで法律の見直しを行っているところですが、このように日本は、自衛隊員の命を守るための仕組みそのものが極めて脆弱なのです。それもそのはず、もともと自衛隊員が外国に出ていくことは想定していなかったのですから。

もう一つ付け加えておきますと、戦場において負傷兵を搬送する装甲救急車を、陸上自衛隊は1台も所有していません。

このように、自衛隊の救護体制は現状きわめて不十分なのですが、ここを改善することなく安保法制を成立させてしまったのです。実際に戦場に行く可能性が高まった自衛隊員のケアは、何をおいても最優先課題です。

また、これは想像したくないことですが、自衛隊員が武力行使した際、誤って民間人を殺害してしまうこともあり得ます。その場合、撃った本人が殺人罪に問われる可能性があることが、中谷大臣の答弁で明らかになりました。たとえ上官の命令だったとしても、相手が民間人であった場合、当人が罪に問われることもあるというのです。こういった意味でも、自衛隊員はかつてないリスクを背負うことになります。

これまで述べてきたように、ロジカルに考えていけば、その欠陥や矛盾をいくらでも指摘できるのが、集団的自衛権行使容認を軸とした安保関連法制です。それなのに、擁護派・推進派は「他国が攻めて来たらどうするんだ」と脅威論を振りかざし、感情論に走っていました。私も実際、「中国漁船が小笠原近海でサンゴを乱獲してたじゃないか」と言われ、言葉にならなかったことがあります。そもそもこの泥棒行為は一義的には警察権、すなわち海では海上保安庁の仕事であり、安全保障とは全く別の話ですし、自衛隊がサンゴを獲っている現場に行くとでも思っているのでしょうか。

このロジックが完全に破たんした法案が通り、それに従って海外に派遣されることになる自衛隊員が、私は一番気の毒だと思います。自衛隊員は非常に真面目で優秀な方が多い組織ですから、彼・彼女らは命をかけて任務を遂行するでしょう。では、自衛隊員の命は誰が守るのか。

それは政治家以外にいないのです。

みなさん、もう一度冷静に考えてみてください。自衛隊が武器を持って海外に出かけていくことで、本当に日本は平和になると思いますか？

野党勢力で歯止めをかけることができる！

結果的に数の力で押し切るかたちで安保関連法案は成立しましたが、次の選挙（2016年夏の参院選）における野党の獲得議席数次第では、自衛隊の海外派遣に歯止めをかけることができます。つまり、安保法制を廃案とはできずとも、形骸化することは可能なのです。

自衛隊の海外派遣については、国会承認が必要になります。通常の法案などですと、衆院を通過したのち参院で否決されても、衆院に戻されて3分の2以上の賛成で可決されるルールがありますが、国会承認となれば、衆参両方の可決が必要とされ、どちらかが否決した場合は〝NO〟ということになるのです。

そのためには、次の参院選で野党勢力が過半数を占める、いわゆる「ねじれ」状態を作り出すことが必要になります。

法案が国会を通過する際、我々永田町の内部では多勢に無勢で、与党が「そろそろ可決しましょうか」となれば、手も足も出ない状況だったというのが事実です。

ところが、国会の外では、今までにない状況が繰り広げられていました。

ＳＥＡＬＤｓに代表される若い人たち、小さなお子さんを連れたお母さん方、そして戦争を経験したであろうご高齢の方……。これまでデモなどとは無縁、政治的な意見を表明することのなかった人たちが街に繰り出し、安保法案への反対を訴えていました。

今回の経験を通じて、国民の間で広く「平和とは何か」「憲法とは何か」といったことが真剣に考えられ、民主主義に対する意識が高まったような気がしてなりません。

しかし、本当の正念場はこれからです。強引なやり方で憲法違反の指摘が各方面からなされた法案を通した政権のやり方を、国民は忘れずにしっかり覚えておくこと。そしてそれを次の選挙において投票に反映させていくことが大事ではないでしょうか。

そして私たち野党の政治家は、国民の期待に応えられるようなプラットフォームを形成し、民意を政治に反映させていかなければなりません。

III 明日の日韓関係

第6章 「アジアの時代」の日本のあり方

ドイツとフランスに学べ

戦後、日本はアメリカのほうばかりを向いてきましたが、経済成長著しいアジアの近隣諸国ともうまく付き合っていくことが、これからの日本の国益を考えた場合に最も重要であることは論を俟たないでしょう。

まずは日本と韓国、そして中国も含めた日中韓の連携を重視し、相互の発展を促していくことが、私たち政治家に求められる仕事です。しかし、現在の日韓関係、日中関係が冷え込んでいることは、この本でも見てきたとおりです。この状況を打開するためには何が必要なのでしょうか。

近隣国との関係改善ということを考えた場合、私はドイツとフランスの関係に学ぶべきことが多くあるように思います。

ご存じのとおりドイツとフランスは、近代以降でも普仏戦争、第一次世界大戦、第二次世界大戦と戦火を交えた関係であり、歴史的にも犬猿の仲だったことはよく知られています。それが今では同じ通貨を使い、ビザなしでの渡航が可能で、2国でEUをリードする関係にまでなっています。この裏には、もちろん両国の努力があったことは言うまでもありません。細かいことはここでは触れませんが、ドイツがきちんと謝罪し戦後賠償を行ったことはもちろん、それをフランスが受け入れたからこそ今日の関係があるのです。

ヨーロッパの人たちにできて、われわれアジア人にできないはずはありません。ドイツとフランスの関係から大いに学び、まずは日本と韓国がパートナーシップを確立することです。日韓の関係を改善するうえで何より重要なのは、貿易を拡大することです。商売をしていると、お互い戦争をする気にはなりません。商売が止まった時に軍人が動き出すとはよく言ったものです。これは日韓の間だけでなく、中国ともそうだし、アメリカともそうです。とにかく貿易が活発であれば、相互依存の関係が構築されます。

ただ、日韓の間にあるのは主に感情的な問題ですが、日中あるいは中韓となると、そこには軍事的問題も絡んできますので事情は異なります。中国の軍事的拡大は、周辺諸国に脅威として受け止められていますが、「相手が新しい武器を手に入れたから、ウチはもっと強いのを」

という姿勢でいる限り、軍拡はどんどんエスカレートしていきます。当然お金のかかることですし、なにより生産性がありません。

ですから、ことさらに隣国の脅威論をかざして安全保障を構築しようとする考え方は根本的に間違っています。

そして、やはり過去を真摯に見つめ、反省することが大切だと思います。日本が戦前、大陸でひどいことを行ったのは事実なのです。例えば南京大虐殺にしても、殺害した人数はそんなに多くなかったなどの主張がありますが、数の問題ではないのです。多かろうが少なかろうが、民間人を殺すことは罪なのですから、まずは反省をしないといけません。

中国や韓国、あるいは台湾で、戦前の日本は良いこともしたと主張する人もいますが、もし本当にそうだとしても、それは自分たちで言うのではなく向こうから言ってくるのでないと意味がありません。そう言われるくらいの信頼関係を築くためには、まずは脅威論から脱却し、きちんと過去を見つめ、反省すべきは反省しなければならない、というのが私の考えです。

日本が目指すべき国のかたち

日中韓3国のパートナーシップが確立されたとして、そこにおける日本の役割はどのようなものが期待されるでしょうか。私は、もう少し時期が早く、日本が経済成長著しい元気な時代であれば、リーダー的役割を果たせたと思いますが、今の日本はそんなに肩肘を張る必要はないと思っています。実際、ＧＤＰでは中国がすでに上回っているわけですし、そこで張り合う必要もないでしょう。そうではなく、中堅国家として、たとえばフィンランドのような福祉国家に目指すべき方向があるのではないかと思います。もう日本は、お金や物質の豊かさを競う必要はないのです。そうではなくて、心の豊かさがあることで、世界から尊敬される国を目指せばよいのです。

もう一つ、日本のいいところは安全であることです。今、世界各国でテロが起きていますが、今のところ日本は、爆弾を腰に巻いた人が出没するような状況にありません。テロがない安全な国であることは、今の世界情勢からみてかなり得難い美徳だと思うのですが、集団的自衛権行使を認めることで、テロの可能性がある国になろうとしています。まったく愚かなことです。

そして、日本が近隣諸国から尊敬される国になるためには、歴史を知らなければなりません。それは自国の歴史のみならず、隣国の歴史も知る、ということです。

日本人はアジアの歴史をあまりにも知らなさすぎます。例えば「朝鮮半島における歴史上の人物を一人でいいから挙げてください」と質問されて、答えられる日本人がどれくらいいるでしょうか。マリー・アントワネットやジョージ・ワシントンのことは知っていても、隣国の歴史上の人物を一人も知らないのが日本人の大半なのです。ちなみに韓国人は、教育の仕方はさておき、豊臣秀吉、織田信長、徳川家康くらいは誰でも知っています。

漢字も稲作も仏教も、日本の文化を形成する基盤は大陸から朝鮮半島を経て伝わってきました。これは別に「教えてやった」とか「どっちが先だ」という話ではなく、古来から日本と韓国、中国には往来があり、交流があったということなのです。日本の文化はその交流を通じて形作られていったことを考えると、隣国の歴史を知らないことはすなわち、自国の歴史を知らないのと同じことではないでしょうか。

明治以降、日本は欧米の方ばかりを向いてきました。当時の状況を考えればそれは国益にかなったことだったと思いますが、少なくとも経済活動においては日中韓が切っても切れない関係になっている21世紀のいま、いつまでも〝脱亜入欧〟では世界情勢を見誤ってしまいます。

そういえば以前、外国人記者クラブで、ある自治体の首長が「日本はアジアに最も近く……」と発言し、外国人記者から「日本はアジアそのものです」と突っ込まれたことがありました。アジアに位置しながら、自国をアジアの一員と思っていないことがよく表れたエピソードではないでしょうか。

対米従属で本当によいのか

さて、日中韓の3国が政治的な問題を解決し、緊密な関係をとるようになった場合に、「じゃあアメリカとの関係はどうなるの？」とお思いになる方もいるかと思います。確かに戦後日本はアメリカ一辺倒でしたし、安保条約のもと、安全保障をアメリカに一任することで経済成長のために注力できた側面があることは確かです。

しかし本当に、韓国や中国と接近することはアメリカに背を向けることになるのでしょうか。私はそうは思いません。アジアで緊密な関係を作りながら、アメリカとも連携していくことは十分に可能なことですし、アメリカにとってみても、日中韓の東アジア圏が発展することは、マーケットの拡大につながるというメリットになるでしょう。東アジアでの連携強化は、対アメリカという意味で何も心配することはありません。

ただ、今の安倍政権は、ひたすら対米従属を続ける以外に日本が進むべき道はないといった感じで、日米安保の枠組みを維持することを至上命題とし、アメリカの意向に沿わないと日本は捨てられてしまうのでは、というような危機感を煽っています。

政権に近い立場の学者やメディアの方からは「アメリカに役立つ国と思われなければならな

い」とか「アメリカに見捨てられないようにしないといけない」といった発言を聞いたことがありますが、私は本当に呆れてしまいます。日本は長い間対米従属を続けてきたせいで、対米恐怖症とでもいうべき状態に陥っているのではないでしょうか。

私は、絶対に憲法を変えてはいけないというようなガチガチの護憲論者ではありません。そして自国の安全保障については、他国に丸投げにするのではなく、自分たちできちんと対処できるようにすべきだと思っています。日本とアメリカの関係においても、「アメリカに守ってもらおう」という考えではなく、自分たちで安全保障の枠組みを考え、その中でアメリカと連携を図っていく、という主体性が必要です。

抑止力という大義名分で、何でも言うことを聞く日本は、アメリカにとってはかわいくて仕方ないでしょう。アメリカが要求しさえすれば、時の内閣の解釈によって憲法を恣意的に運用するのですから。ただ、アメリカと集団的自衛権行使をともにするということは、先ほど述べたテロのない安全な国という日本の良い点が損なわれてしまうことを覚悟しなければなりません。安全保障という観点から言えば、これほど怖いことはありません。

安倍政権のアジア観とアベノミクス

こうした政権運営の背後にある安倍政権の中国、韓国に対する見方というのはどのようなものでしょうか。

今までも述べてきたとおり、安倍さん個人はそれほど排外的な考えの持ち主とは思えないのですが、結果として政権の姿勢は非常に中韓に対して敵意をもった印象を抱かせます。そう思いたくはないのですが、やはり相手を下に見ているのでしょう。下に見ていた相手が経済発展で豊かになりつつある、国力を高めている現状が面白くない、もっと言えば腹を立てている部分もあるかもしれません。

隣の国が栄えているのなら、素直に「よかったね」と言えばいいのに、アジアで最初に先進国の仲間入りをしたのは自分たちだという自負が邪魔をしてそうは言えない。こうしたアジア観を根本に持つと思われる現政権ですが、その割にはちぐはぐな部分もあるように思います。そのちぐはぐさはアベノミクスに現れています。

アベノミクスは一言でいえば円安誘導の金融政策で、実体経済の活性化ではありません。実際、円安が進み株価も上がってきましたが、本当に景気回復につながるかどうかはかなり怪しいものがあります。

円安が進んだ結果起きていることとして、中国人投資家が日本の土地を買い漁っているという現実があります。東京の一等地を中国人が買い占めているということを、中国が嫌いな安倍政権はどう思っているのでしょうか。私は、中国への好き嫌いを別にして、これは国益がそこなわれている事態だと思うのですがいかがでしょう。

株価についても、本当に景気が回復して株価が上昇しているわけではありません。株価の上昇は、年金基金などが運用のために株式を買っているだけという見方もあります。人の年金をあてこんだ株価の上昇など、いつか止まってしまうことは目に見えています。

第7章 こうすれば日韓は歩み寄れる

雑音に振り回されてはいけない

この本でも繰り返し述べていますが、韓国国民の大半は日本と日本人のことが好きなのです。その証拠に、東日本大震災に際し、韓国国民は他国を支援するものとしては過去最高金額の救援金を日本に送っています。これを私はもう一度強調したいのです。果たして嫌いな国のために、多額の救援金が集まるものでしょうか。

こうした事実や私自身の実感から、日韓両国の国民同士にいがみ合う感情はなく、むしろ友好的な人が多いと思っています。問題なのは双方の政治家とマスコミです。政治家は「そういったほうがウケるから」と安易なポピュリズムに走り、マスコミは「その方が売れるから」と売らんかな主義で、日韓の関係悪化を煽り立てるような記事を書く。それに影響された一部の人がネット上で罵《のの》り合っているだけなのです。

実際、在日コリアンとして生きてきた私の実感としても、昔に比べれば日本人の差別感情はかなりなくなってきていました。内心どう思っているかはわからない部分があるにしても、差別的な出来事はほとんど起こらなくなっていたのです。しかし政治家とマスコミがありもしないことを言い立てるから、かつての差別が想起されているように思えてなりません。本当に残念なことです。

ですから大多数の皆さんはそういった雑音に振り回されず、自分の自然な感覚に従って物事を判断してほしいと思います。日本と韓国は違うところもありますが、似ているところもたくさんあります。そして経済活動のつながりは今や切っても切れない関係になっており、双方の国の製品を使いながら、私たちの日常生活は成り立っているのです。

何も好きになれと言うのではありません。お互いになくてはならない関係にあることを受け入れ、相手のことを少しでも知ろうとする気持ちさえあればよいのです。

とにかく謝ること

日本と韓国の間でいつも揉めるのが、謝罪と賠償をめぐる問題です。確かに、１９６５年の日韓基本条約で謝罪と賠償は済んだという見解も存在します。仮にそうであっても、その後の対応が大切なのです。

例えば、親が交通事故を起こし、不幸にも相手を死なせてしまったとします。保険に入っていたので賠償金を支払うことが出来、形式上は解決しました。しかしだからと言って、加害者の子どもが被害者の家族に対し、「賠償金でいい思いしただろ」「本当は相手が悪かったのだ」などと言ってはいけないことは、常識的な感覚があればわかることです。謝罪と賠償が済んでいて、当事者ではなくその子ども同士だったとしても、「うちの親父がご迷惑をおかけしました」と接するのが普通ではないでしょうか。

これは国同士の関係でもまったく同じです。「賠償金でいい思いしただろ」なんて、一度でも言ってしまえばもうアウトなのです。被害者と加害者の関係は変わりないのですから、謝罪の念をもって相手に接するのが基本で、そこから未来が開けてくるのです。

これは韓国の議員から直接聞いたことがあるのですが、「日本は謝ったとしてもすぐにひっくり返すようなことをするじゃないか」とかなり不信感を持っていました。謝ったらもう、余計なことは言うべきではないのです。

韓国側にもうるさく言いすぎるところがありますから、いろいろ言いたくなる気持ちはわかります。でも、感情に流されて応酬している限り、いつまで経ってもこの問題は終わりません。

繰り返し言いますが、いくら反論したからといって韓国が黙るはずがないのです。

言い方は悪いですが、謝ってしまえばいいのです。そして一度謝ったあとに余計なことは言わず、「すいませんでした」と繰り返していればいいのです。多少気分は悪いかもしれませんが、その程度のことで国益が損なわれずに済むのであれば安いものです。そして他国からみて日本と韓国のどちらに理があるように映るのか、そのことを常に意識しておくべきなのです。

「慰安婦」問題への対応はグローバル・スタンダード

いわゆる「慰安婦」の問題は第2章でも触れましたが、この問題をめぐる謝罪と賠償が日韓の関係を大きく損ねていることは今までも見てきたとおりです。問題を複雑にしているのが、歴史修正主義と言われる主張の存在ですが、「慰安婦などなかった」という主張に、はたして正当性はあるのでしょうか。

みなさんは、諸外国が日本の慰安婦問題に対し、決議を出していることをご存知でしょうか。2007年、アメリカ議会下院において、マイク・ホンダ議員の提出により日本政府の元慰安婦に対する謝罪を求める決議が可決されたことは有名ですが、それ以外にも同様の決議が、オランダ下院、カナダ下院、欧州議会、フィリピン下院外交委員会、そして韓国国会で採択されています。

こうした動きは、実は１９９０年代、元慰安婦の方々が名乗りを上げるようになって以来続いていたものですが、２００７年に堰を切ったように前述の決議が採択されています。なぜそういった動きが国際社会で広く出てきたのかというと、アメリカ議会での動きの影響もありますが、第一次安倍内閣において「河野談話」の見直しをしようという動きがあったからです。

「河野談話」とは、１９９３年に当時の官房長官だった河野洋平氏が発表したもので、慰安婦問題について日本軍の関与と強制性を認めたものです。慰安婦問題に関する日本政府の見解として歴代内閣が継承してきたものですが、第一次安倍内閣において、「基本的には継承していく」としながら、強制性はなかったとする内容の発言が首相の口からありました。その後、海外メディアなどからの批判を受けて、慰安婦問題について謝罪するスタンスを示した安倍首相ですが、日本の為政者の歴史修正主義的スタンスを国際社会に印象付けてしまったのです。

この動きに端を発し、その後河野談話を見直すべきだという動きが保守系メディアなどにおいて繰り返し主張され、現在も日韓関係をはじめとしたアジア諸国との国際関係に、阻害要因として重くのしかかっています。

慰安婦問題に関する各国の日本の姿勢への批判は、何も国際社会が日本に集中砲火を浴びせているとか、ましてや韓国人のロビー活動の結果などではありません。このような活動があったとしても、こうした歴史修正主義の動きに一国の為政者が加担するというのは、国際社会において完全にアウトなのです。それは現在の国際協調体制が、二度の世界大戦の痛切な反省を踏まえたところから出発していることを思えば当然で、日本の政治家はこうしたことにあまりにも鈍感なのです。

また、人権問題という観点からも慰安婦は許されざる問題であり、加害者は真摯な反省と確実な賠償をするのが当然のことなのです。これらが現在の国際社会における当たり前の感覚であり、それを持ち合わせていない日本の政治家に、国際社会は警告を発しているわけです。

日本の産業構造はしばしばガラパゴスと言われ、それがゆえに他国にない独自のものづくりや文化が生まれたりもするのですが、歴史や人権への感覚については、グローバル・スタンダードを身につけておかなければ、結果的に自分たちが損をすることになります。特に政治家にはそれが求められるのです。

「河野談話」の正当性

もう少し慰安婦問題について掘り下げます。

日本では見直そうという勢力も少なくない河野談話ですが、国際的には非常に高く評価されています。それは何をおいても、この談話の内容が真実であり、それを踏まえた日本の取るべき姿勢が明記されていることにつきます。

河野談話の内容、つまり慰安婦問題への日本軍の関与と強制性を認めたことは、実は日本の司法の場において証明されています。

1990年代を中心に、韓国や中国、フィリピンなど各国の元慰安婦の方々が、日本政府を被告として謝罪と賠償を求めた裁判10件が提訴されました。それらの裁判の判決は、いずれも原告の訴え（損害賠償請求）を認めるものとはなりませんでしたが、10件のうち8件において、元慰安婦の被害の実態については事実認定がなされています。そして判決は、河野談話の内容を全面的に裏付ける内容となっているのです。

よく考えてみてください。この事実認定は、加害国である日本の裁判所でなされたものです。日本の裁判は「精密司法」と言われるほど厳しく緻密な証拠調べを行うことで国際的にも知られていますが、そこでなされた事実認定には特別の重みがあります。

日本の裁判所は詳細な事実認定をしたうえで、「極めて反人道的かつ醜悪な行為」（山口地裁下関支部判決）、「ナチスの蛮行にも準ずべき重大な人権侵害」（東京地裁判決）といった非常に強い言葉を用いて、強制行為の反人道性を断罪しています。

日本の司法は、慰安婦問題の事実関係については認定しており、河野談話の内容が真実であることについては確かなことだと言えます。事実は事実として厳格に受け止め、きちんと謝罪してから次の段階に進む——これが最も日本の国益にかなった方法だと思います。少なくとも、感情論から歴史修正主義に走るのは、現在の国際感覚ではとても受け入れられるものではありません。もちろん、この問題についても与党の政治家の一部から「日本政府がしっかりと反論しなかったからだ」という議論がありますが、なぜその時彼らは反論しなかったのでしょうか。それこそ自分たちが反省しなければいけないことだと思います。

在日コリアンを考える

日韓関係が悪化していちばん苦しい立場に置かれているのは在日コリアンの人たちであると前にも述べましたが、今の両国の関係の中で攻撃対象にされやすいのもまた彼らです。

私はこの本で、いわゆる「在日特権」などありもしないものと述べてきましたが、なぜそのように言えるのか、具体的に論証しておきます。

在日特権ということを言っているのは、在特会（在日特権を許さない市民の会）を中心とした勢力ですが、そういった団体が主張する〝特権〟とされるものの内容を、一つずつ検討していきたいと思います。

特別永住者制度

特別永住者とは、入国管理特例法に規定される在留資格のことで、戦前から日本に住んでいた韓国・朝鮮、台湾の人々とその子孫のうち、特別永住資格を得た人のことをいいます。その他の永住者は一般永住者と呼ばれ、この中には戦後日本に渡った韓国・朝鮮人も多く含まれます。

特別永住者の国籍は、ほとんどが韓国・朝鮮ですので、特別永住者イコール在日コリアンとされ、これが在日特権とされるわけですが、特別永住者が一般永住者や在留外国人と異なる点は何でしょうか。大きな違いとされるのは退去強制事由で、一般永住者や在留外国人には、強制退去となる犯罪の種類が20項目以上あるのに対し、特別永住者は国家の治安などに関わる重大犯罪でない限り、強制退去とはなりません。また、多くの在留外国人に義務付けられている入国時の顔写真撮影と指紋採取も免除されるほか、再入国許可の要件も緩和されています。

このように、特別永住者が他の外国人に比べて〝優遇〟されていると言えばそうかもしれませんが、そもそも、なぜ法律でそのような制度が設けられているのかを考えてみる必要があるのではないでしょうか。

特別永住者は、戦前、日本人と同じように生活をしていながら、ある日突然、国籍を失った人たちです。そうした人たちに対し、一般の外国人とは区別して配慮しようということで、これを〝特権〟とことさらに騒ぎ立てることが、私は正しいとは思えません。

歴史を知らないことは自分たちを知らないことだとこの本でも述べましたが、特別永住者制度がなぜ生まれてきたのか、まずは歴史的背景を調べてみることが大事だと思います。

税金が減額されている？

在日コリアンが経営する企業や商店に対し、税金の優遇措置があるとまことしやかに言われます。果たしてこれは本当なのでしょうか。

まず、制度として在日コリアンに対する優遇税制といったものは存在しません。他の企業・商店とまったく同じように課税されています。ただ、このようなことが語られる背景に、過去の事例が影響していることは考えられます。１９７０年代に、朝鮮総連系の在日本朝鮮商工会連合会が、国税庁を相手に税に関する合意を獲得したということが、総連側の資料には残っています。そこで具体的にどのような優遇措置があったかはわかりませんが、朝鮮総連などの団体がかつて一定の勢力を持っていたことを考えると、考えられない話ではありません。

ただ、これはあくまで過去の話であり、現在の厳しい法執行や朝鮮総連の相対的な圧力団体としての影響力低下などを考えると、今現在、特権と言われるほどの実態があるとは考えられません。

また、２００７年ごろ、三重県の一部自治体で在日コリアンを対象とした住民税の減額措置が報じられたことがありました。この件についても、かつて総連や民団などの在日組織が力を持っていた時代の措置が残っていたということで、今ではすべて廃止されています。

まとめると、過去に一部減税措置があったことは確かですが、現在ではそのようなことはありませんし、ましてや制度としてそのようなことはあり得ない、ということです。

生活保護

在日コリアンは優先的に生活保護を受給できると言われます。在日コリアンは、日本国内におよそ53万人いますが、そのうち生活保護受給者数は3万8000人ほどで、受給率は約7％とされます（法務省、2012年統計）。これは確かに、日本人の受給率（1・6％）とくらべると高い数値ですし、諸外国の人たちとくらべても高い受給率です。

ただこのデータは、内容を見る必要があります。在日コリアンの生活保護受給者の多くは高齢者で、在日コリアンで生活保護を受けている方のうち60歳以上の割合は約61％となります。同じ統計で各国の生活保護受給者の平均年齢を見ても、中国44・3歳、ブラジル31・3歳、フィリピン23・1歳などに比べ、韓国・朝鮮は59・0歳と、高齢になっていることがわかります。

現在高齢に達している在日コリアンたちに、貧困状態に置かれる社会的背景があったことは間違いありません。また、税金のところでもあったように、60年代、70年代において、在日団体が強い交渉力をもっており、その名残として受給率が高いということも考えられます。

さらに、在日コリアンは国籍条項が廃止された1982年まで国民年金に加入することができませんでした。それが現在無年金の在日コリアンが多い理由でもあります。

受給率が高いのにはそのような背景があり、問題は、在日コリアンだけ受給要件が緩いかどうか、ということになるのですが、そのようなことは一切ありません。生活保護の受給は国籍に関係なく、所得や財産などが厳しくチェックされます。

現在、日本人含め、高齢者の生活保護受給は増えつつあります。そのような傾向の中で特定の国籍の人だけが増えているということは全くありません。


なぜ在日コリアンだけ通名を使うのか？


まず、通名の使用は、何も在日コリアンだけに許可された特権ではありません。日本では、在日外国人の通名は、居住自治体に登録することで住民票に記載され、法的効力をもつようになります。

過去、通名を利用した犯罪などもあった経緯から、2013年に総務省より各自治体に、「通名記載の厳格運用」と「原則として通名の変更を認めない」旨の通達が出されました。これ以降、通名の変更は容易でなくなっています。

そもそも在日コリアンの通名は、戦前に日本が行った創氏改名制度に端を発するもので、戦後、韓国・北朝鮮では創氏改名で使うようになった日本風の氏名が使えなくなり、かといって日本では日本名で生活している……という背景から生まれてきました。中には通名を利用して犯罪行為に走った人がいたかもしれませんが、それが〝特権〟とされるのはまったく筋違いのように思います。正直言って、朴、金のような名前で日本で生活することができなかったという、当時の社会的背景を考えていただきたいと思います。

このように、在日特権とされるものは、歴史的背景から生まれた在日コリアンを取り巻く独自の制度・慣習などの存在を特別視し、それがさも特権であるかのように言い立てているにすぎません。在日コリアンに対し、日本人や他の外国人と比較して何か制度上の優遇があればそれは特権かもしれませんが、そのようなことは現在、一切存在しないのです。

この章では、「どうすれば日韓は歩み寄れるのか」を考えてきましたが、どちらが正しい／間違っているという話ではなく、まずは両国の歴史をきちんと知ることから始まるのだと思います。両国の間には確かに不幸な歴史が存在しましたが、そこから目を背けることなくきちんと直視し、歴史の中で何が生まれてきたのかを学ぶことが何より大事です。

そして歴史を学ぶ中で、閉塞状況に陥った社会が、いかにたやすく排外主義に魅了されてしまうのか、についても知ることになるでしょう。そうした状況を乗り越えていくのが、今の日韓両国に求められることであり、そのためにはやはり、歴史を正しくとらえることが、対話に向けた第一歩になるのだと思います。

第8章　私の役割・私の仕事

民主党への思い

それでは本書の最後に、今まで述べてきたような現状認識をもとに、私が具体的にどのようなことをやっていきたいのか、決意表明をしたいと思います。

まずは私の所属する民主党をどうするか、という問題です。自民党に対抗しうる野党の存在はこの国の民主主義を発展させていくうえで不可欠だと思いますが、やはり民主党がその責を担うべきだと思うのです。

私が民主党に入ったときに感じたのは、ずいぶんやわらかい組織だなぁ、ということです。政治家になる前に私が所属していた朝鮮日報は、トップを中心とした〝鉄の絆〟で結ばれたような組織で、典型的な縦社会でした。それに比べて民主党は、何か言っても「君はそう思うんだ、ふーん」といった感じで、衝突を避けようとする風土がありました。政党というよりは、ロータリークラブやライオンズクラブのような、集まってチャリティでもやろうかといった親睦団体に近い印象を受けたものです。

ご存じのように民主党には、右から左までかなり幅のある考え方の持ち主が存在し、出自も異なる寄り合い所帯で、マスコミに「烏合の衆」と揶揄《やゆ》されることもよくありました。その中で議論がないかといえばそんなことはないのですが、考え方が食い違っても「そういう意見もあるよね」と丸く収めてしまうような、良く言えば居心地のよい、悪く言えばぬるま湯のような体質があったのです。ガチンコの議論の末に取っ組み合いのケンカに至るようなことはまずないでしょう。

2009年の政権交代は、民主党の成果というよりは、麻生さんの失言や政策判断の誤りといった敵失から転がり込んできた意味合いのほうが大きいと私は思っています。いざ政権を担っても、もともとがそういった体質の組織でしたから、噴出する問題に危機感をもって対処できなかった部分もあると思います。

政権交代後、3回の国政選挙を経て、今では民主党の国会議員の数もずいぶん減ってしまいました。自分たちが予想していた以上に負けに負けを重ね、意気消沈しているかと言えばそんなことはありません。今の残っている人たちの間では、遅きに失した感もありますが、相当な危機感が共有されています。

安全保障と民主党

危機感を共有しようやく一体感の出てきた民主党ですが、政策については、元来かなり一枚岩の政党です。労働法制や社会保障関係、農業政策などについては特にそうで、政策通の人材も揃っています。実は外資系企業出身の議員などで、労働者派遣法の改正に反対する党のスタンスに首をかしげる人もいなくはないのですが、国会では声を上げません。多少の個人差はあっても、党の方針で一致していこうという姿勢なのです。

ただし安全保障に限っては、党内が一枚岩というわけにはいきません。安全保障の問題については、どうしても党内が割れてしまう。ここばかりは譲れないという人が多いのです。

安倍政権があのタイミングで安保法制に手をつけたのは、アメリカからの要求など様々な要因がありますが、民主党崩しという目論見も少しはあったのではないかと私は思っています。

民主党とは対照的に、自民党は安全保障であれば党内はほぼ一枚岩です。自分たちがまとまることのできる議題で、かつ相手が割れるというのは、これほど好都合なことはありません。

民主党の党勢はかなり小さくなったものの、依然、自民党にとっては目の上のたんこぶのような存在です。今民主党を徹底的に叩いておけば、自民党は我が世の春をさらに謳歌できるでしょう。ここで民主党の弱点を突いておくのは、自民党にとってかなり効果的ですから。

集団的自衛権については、まず国民に理解されていないことが大問題で、国会議員ですら十分に理解できていない者が多くいます。集団的自衛権がどういうもので、安倍政権は何をしようとしているのか、うまく国民に説明するのは私たちの仕事です。その部分について私は、本書の第5章で詳しく述べたつもりですが、法案が通ってしまった現在でも、粘り強く説明しつづけていきます。これも第5章で述べた通り、次の選挙の結果次第では自衛隊の海外派遣阻止が可能になるのですから、ここからが本当の正念場です。

「まっすぐに、ひたむきに。」はもう使えない

大阪都構想の住民投票が否決され、引退の意思表示をした橋下徹大阪市長は、政策の是非はさておき、非常に発信力の高い才能のある政治家でした。わかりやすく聴衆を引き付ける能力がずば抜けていたと思います。

今の民主党に橋下さんに匹敵するような発信力をもった人材は残念ながら見当たりませんが、

民主党にも論客はいます。たとえば原口一博議員や安住淳議員はテレビ番組にもよく出ていましたが、彼らのメディア出演が政権交代に寄与した役割というのは、小さくないものがあります。ああいった人材がこれからも出てくれれば、民主党に対する国民の皆さんの理解も深まるかもしれません。

ただ、私もテレビにはよく呼ばれたほうなのでわかるのですが、先にも述べたようにテレビは視聴率を取れる人しか使いません。今の状況では、民主党議員は数字の取れない出演者にすぎません。メディアが橋下さんを追いかけるのは、彼が数字を持っているからです。

以前の話ですが、2004年の民主党のポスターに「まっすぐに、ひたむきに。」というキャッチコピーが使われ、あれはなかなか好評でした。政権交代を目指す野党としての勢いや、当時の代表である岡田さんのイメージにもぴったりでした。

ところで、日本人は未完成なもの・未熟なものを応援したくなる性分があるようです。AKB48にしても、従来のアイドルからすれば未完成な子たちばかりですが、ファンはその成長の様子を見守ることであそこまでの人気を獲得しました。最近は大相撲に若い女性のファンが多いそうですが、まだ番付が下の力士を熱心に応援していると聞きます。

これはどうも日本特有の文化のようで、韓国のアイドルは歌もダンスも完璧に訓練をされてから世に出るのが普通ですし、アメリカのショービジネスの世界でも素人演芸のようなものは受け入れられません。

何が言いたいかというと、政権交代以前の民主党には、どこか未完成で書生臭いところがあり、能力は未知数ですがまっすぐなひたむきさがどこか感じられる集団でした。これは日本人の好きな応援したくなる存在ですから、民主党は支持を得ることができたのでしょう。

だからといって今、もう一度「まっすぐに、ひたむきに。」を打ち出すわけにはいきません。私たちは3年間政権与党を経験したのですから、もう「未熟かもしれないけど一生懸命頑張ります」は通用しないのです。やはり、国民の生活を具体的にどう良くしていくのかを提示していかなければなりません。そのあたりについては、私はメディアにも通じているほうですし、在日コリアンという出自もあって、国民はどう見ているのかを意識することや、少し異なった角度から物事を見ることができると思いますので、党に対し積極的に意見を出していくつもりです。

永住外国人への地方参政権付与に向けて

さて、では具体的な私の政策を挙げていきます。

最初に、私が掲げている政策の中でも、とりわけ議論を呼ぶ「永住外国人に地方参政権を与える」政策についてです。この政策については誤解も多く、私も今まで幾度となく反対および批判のご意見をいただきましたし、中には誹謗中傷と言うべきものも少なくありませんでした。私自身、誤解を招きやすいトピックだと思っていますので、ここでは一つずつ誤解を解きながら説明していきたいと思います。

まず、私は「永住外国人」「地方参政権」という言葉を必ず用いています。この2つを考慮に入れないことには、議論は進められません。私は、日本にいるすべての外国人、ましてや観光に来ているような外国人に国政までの選挙権を与えようと考えているのではありません。永住外国人に、地方選挙に限って選挙権（投票権）を付与しようとする考えです。

永住外国人とは

外国人が日本で暮らす場合、在留資格が「永住者」となると、在留期限は無期限となります。それゆえ、永住者と認められるには、相当に厳しい審査を通過しなければなりません。具体的には次のような条件を満たすのが永住者です。

①素行が善良であること
②独立生計を営むに足りる資産又は技能を有すること

③その者の永住が日本国の利益に合すると認められること

（法務省入国管理局「永住に関するガイドライン」より一部抜粋）

要するに永住外国人とは、国が「いい外国人だ」と認め、「日本に死ぬまでずっといても構わない」と許可した人のことです。さらに永住外国人は、在留カードの携帯義務があり、絶えずチェックされます。また、他の外国人同様、再入国する際は空港などで顔写真の撮影と指紋押捺が行われますし、無期刑や1年を超える懲役や禁固に処せられるなど強制退去事由に該当する場合は、国外退去させられることになります。永住権といっても、日本を追い出される可能性は低くありません。

これらの厳しい条件を満たす「永住外国人」に限って地方参政権を与えようというのが私の考えで、誰もかれもに与えようとするものではまったくありません。

地方参政権を付与する根拠

これまで、「永住外国人といえど、参政権を与えることは憲法違反なのでは？」という疑問をいただいてきました。そういう意見の根拠として、1995年2月に出された最高裁判決で、「参政権は国民固有の権利であり、わが国に在留する外国人に保障したものではない」とされたことを挙げられる場合があります。
たしかにそうなのですが、同じ判決の中で最高裁は次のようにも言っているのです。

憲法第八章の地方自治に関する規定は、民主主義社会における地方自治の重要性に鑑み、住民の日常生活に密接な関連を有する公共的事務は、その地方の住民の意思に基づきその区域の地方公共団体が処理するという政治形態を憲法上の制度として保障しようとする趣旨に出たものと解されるから、我が国に在留する外国人のうちでも永住者等であってその居住する区域の地方公共団体と特段に緊密な関係を持つに至ったと認められるものについて、その意思を日常生活に密接な関連を有する地方公共団体の公共的事務の処理に反映させるべく、法律をもって、地方公共団体の長、その議会の議員等に対する選挙権を付与する措置を講ずることは、憲法上禁止されているものではないと解するのが相当である。

要するに、永住外国人に対し地方参政権を与えることは憲法違反ではないということを、最高裁ははっきりと示しているわけです。
永住外国人への地方参政権付与をめぐる議論では、この部分は「傍論」として法的拘束力を持つものではないという意見もあります。しかし、5名の裁判官が全員一致でわざわざ「永住外国人への地方参政権は禁止されていない」という見解を示したことに意義があると考えるべきだと思います。

「外国人によって日本が操られるのでは？」

地方議会では、数十票で当落が分かれる場合もありますが、そのような選挙において、投票権を持つ外国人の〝組織票〟で彼らの押す候補が当選し、その集団の意向を聞かざるを得なくなるのではないか、そのような懸念を耳にします。特に、国境を他の国と接する島の議会や首長が、その外国人集団の本国からの指示により、日本の国益に反する行動をとることがあるのではないかという、脅威論めいたことを言う人もいるようです。

まず、こういった懸念には、「選挙の時だけ住民票を移すのではないか」という、もはや都市伝説とでも言うべき陰謀論を持ち出す方がいるのですが、先に述べたように、永住外国人は住居や生計の実態が厳しく審査されています。住んでもいないところに選挙のためだけに住民票を移すような行為は、外国人登録義務違反として法律で罰せられる可能性があり、そんなことは当然、永住外国人たちはよく知っています。

そもそも、この問題は首長や議員の問題ではないでしょうか。いくら当選したからといて、その候補者が国益に反する行動を、日本人として選択するとはとても思えません。

また、たとえばその外国人集団が、戦時において巧妙に嘘を言って、首長などに対し国益に反する目的をもって交戦国の船舶を寄港させるよう、港湾の使用許可を働きかけたとします。その場合、例えば海上保安庁は何もしないでしょうか。その船舶が領海に入った段階で、船舶検査などで不正がないか調べることが可能です。

もともと住居や生計の実態がない、すなわち経済活動ができない以上、そうした当地を乗っ取ることなど出来るはずがありません。

「参政権が欲しいのなら、帰化すればいいのでは?」

日本に何十年も住んでいて愛着があるのであれば、帰化して日本人になればいいじゃないか――これも、非常によく聞かれる意見です。

私には、この意見は暴論のように思えます。あなたご自身に置き換えて考えてみてください。あなたが、海外において投票権を求める同様の立場にあったとして、投票権を求めることとはまったく別に、自分の生まれた国・父母の国として母国にこだわりを持つのは当然のことだと思いませんか? 日本の国籍を捨てることに抵抗を感じるとは思いませんか?

事実、海外で居住する日本人の中には、地域の参政権を行使する人がいますが、そういった人は当該国から帰化を求められていることはありませんし、あなたがその人に「参政権を与えられているなら帰化しろ」と言う必要はないはずです。

また、参政権を与えるのではなく、帰化しやすい制度を作ればいいのでは、という意見も聞かれます。

私は、地方参政権の代わりに帰化要件を緩和するというのは、危険な考え方だと思います。それは偽装帰化を招きかねず、その場合、偽装帰化者に国政の選挙権ばかりか被選挙権まで付与することになってしまいます。厳しい要件をクリアした永住外国人に地方参政権を与えることが、リスクという観点からみても一番良いのです。

なぜ永住外国人に地方参政権を与えるべきなのか

このように、永住外国人への地方参政権付与に対する懸念については、まったく心配する必要はないと言い切ることができます。

そもそもなぜ、私はこの政策を実現したいのか。

私たちは、その出どころがどうであれ、その人個人を認めることが共生への第一歩であり、いずれ彼らの子孫は自然と日本人になっていくはずです。それまでの間、永住者を日本に長くいる〝よそ者〟と扱うのではなく、地域における義務を履行し、権利を行使する住民として認めるほうが、日本のためにならないでしょうか。今やあらゆることがグローバル化し、世界は日々狭くなっています。他者との共生は、現代人に求められる最大の課題の一つであることは明らかです。

日本は過去、歴史的に多くの外国人を受け入れ、外国人から学ぶことを通じて独自の文化を築いてきました。日本人はそもそも多様な価値観を認める素地があると思います。過去においてそれが出来たのに、このグローバル時代において偏狭な態度でいるのはおかしいことだと思いませんか?

外国人というだけで危険視し、国民の不安を煽ることは厳に慎むべきです。この国で税金をきちんと払っている真面目な外国人に対しては、それ相応の義務と権利を与えることによって地域の発展に努めてもらうことが、これからの共生社会・国際化社会に向けた日本の役割であり、それが国際社会において尊敬される日本の姿であると思います。

ぜひとも実現したい「親孝行制度」

ここまで、どちらかといえば重い話が続いてしまったので、最後にみなさんが明るく、楽しくなれるような政策を提起したいと思います。

私はかねてから、「親孝行制度」を導入したいと、国会でも働きかけてきました。親孝行制度とは、おじいちゃん・おばあちゃんとお孫さんが旅行に行く、あるいはもう亡くなっている場合はお墓参りにいく、そのために孫が学校を休むのを、出席扱いとして国が認めるという制度です。

唐突に何を言い出すのだとお思いかもしれませんが、この制度にはちゃんとした狙いがあります。

まずは、世代間交流の促進と継承です。今後も少子高齢化が進んでいく日本において、老人は増え続け子どもは減り続けるという状況のなか、祖父母と孫世代の交流機会が減ってきています。日本が無縁社会化しつつあることが指摘されていますが、老人の場合特に深刻であり、誰とも交流の無い人が増えています。最悪の場合は孤独死などの事態に至るわけで、これは社会問題として政治が解決していかなければなりません。

高齢者を元気にするうえで効果てきめんなのが、お孫さんの存在です。私も先日、支持者のご婦人の方から聞いたのですが、普段は家のことなど一切何もしないご主人に、「孫が泊まりに来るから2階に布団を持って行って干してきてくれる?」と頼んだところ、「ほいきた」とばかりに階段を駆け上がっていったそうです。やはり誰でもお孫さんは可愛いんですね、お孫さんのためなら普段は発揮されない力まで湧いてくるようです。お孫さんとの交流で高齢者が元気になることで、医療費の削減にもつながるかもしれません。

そしてお孫さんにとっても、これはいい制度だと思います。いつもは離れて暮らすおじいちゃん・おばあちゃんに会いに行くことで普段はできない体験ができますし、ゲームから離れていろいろなことを感じる機会は、必ず成長につながるはずです。

さらに、戦争の悲惨さを実体験した祖父母から、平和の尊さについて話を聞くのも重要だと思います。

またこの制度は、多大な経済効果も見込めます。お孫さんのためとなれば、高齢者はお金を使うものです。孫と旅行する先々でお金を落としたり、久しぶりに会う孫にプレゼントを買うことで、国内経済を活性化させることができます。

実はこの制度、似たようなものがすでに韓国に存在し、大変好評を呼んでいます。ご存じのとおり韓国は親族の絆が強く、儒教的価値観も根強いという下地があるのですが、それでも近年は、世代間交流が少なくなっている現実があるため、政府が音頭をとって制度化しているようです。日韓の架け橋になるというのが私の政治家としての使命ですが、韓国の制度でもいいものであれば、どんどん真似をすればいいのです。

親孝行制度を国会で披露した際、国会の内外で大変なご好評をいただきました。普段は批判的なヤジが飛ぶ自民党議員からも「いいぞ」と声が上がり（むしろ自民党が好きそうな政策だと思います）、識者の方からも大賛成というお言葉をいただきました。国民の皆さんからも、「国会中継をトラックを停めて聴いてたよ」とか、「そういえば長いこと田舎に帰ってないなぁ、今度じいちゃん・ばあちゃんに会ってくるか」といった反響をいただきました。

実は反対の意見もあって、それは文部科学省から「そんな授業のある日に休ませるなんてとんでもない」と、まぁ彼らの立場を考えればそうだよな、という反応でした。

今後は、関係省庁とも協議を図りながら、親孝行制度の実現に向けて、一層の努力を重ねていく所存です。

私は日本と韓国の間の複雑でセンシティブな問題を多く担当していますし、安全保障を専門分野とする政治家ですから、政策の話をするとどうしても重い感じになってしまいます。これからもそういった課題に取り組んでいくのはもちろんなのですが、私の気質としては、みんなが明るくなるようなこと、「何か楽しそうだぞ」と人が集まってくるような話が大好きなのです。そして政治には、そういった楽しさが不可欠だと思っています。

対談

「世界のなかのアジアと日本」

真田幸光×白眞勲

真田幸光（さなだ・ゆきみつ）　１９５７年東京生まれ。慶應義塾大学法学部政治学科卒業後、株式会社東京銀行入行。丸の内支店、名古屋支店、ソウル支店などを経て、１９９７年ドレスナー銀行東京支店にて企業融資部部長。１９９８年より愛知淑徳大学ビジネスコミュニケーション研究所に所属し、現在同大学ビジネス学部学部長、ビジネス研究科研究科長。

1　韓国経済、本当のところ

――この対談では、経済（金融）がご専門の真田幸光先生をお招きして、韓国経済の実態や中国経済の動向、さらにアジアや世界各国の経済状況を中心にお話をうかがったうえで、そのなかで日本はどうしていくべきかを語り合っていただきたいと思います。

まず、白先生は、「どんなかたちであれ韓国のことを知ってほしい」と本書でもおっしゃっていますが、韓国経済といえば真っ先に思い出す１９９７年の通貨危機について、その実相とその後の韓国経済の動向をおうかがいしたいのですが。

白　最初に指摘しておきたいことがあります。1965年の日韓国交正常化以来50年間、韓国の対日貿易が黒字になったことは一度もない、という事実です。つまり日本にとって韓国は常にいいお客さんなのです。「韓国となんて付き合う必要はない」ということを言う人もいますが、日本にとって韓国は、一貫して儲けさせてもらっている相手ということを押さえたうえで、日韓の経済の話をしていきたいと思います。

1997年韓国通貨危機をどう見るか

真田　まず、97年のアジア通貨危機をどう見るかということですが、確かに当時韓国には通貨危機に陥るような要素——対外債務の大きさに比して外貨準備高が少なかったとか、韓国の銀行がドルショートを起こしやすい状況はありました。ただ、それは通貨危機が起こる前の段階からそうだったし、実は今もその状態は続いています。ではなぜあのタイミングで通貨危機になったのか。それは、アジアが発展していくなかで、欧米はアジア諸国に対してたくさん投融資を行ってきたわけですが、どうもアジア諸国が欧米の言うことを聞かなくなりそうになってきた。そこで〝お仕置き〟をする必要があるということでアジア通貨危機が発生したと見られるのです。

私の韓国の原体験として覚えているのは、1984年、アメリカの大手企業のトップが「これからアメリカはアジアの各国の動脈に注射針を入れる」と。そして「それぞれの国が大きくなってきたら少しずつ血を抜く。言うことを聞かなくなってきたら毒を盛る」と。そういうことをこれからやっていくんだと言われました。当時は「何のことを言っているんだろう」と不思議に思いましたが、97年になって「このことだったのか」と腑に落ちたのです。アジア諸国は成長にともなってそれぞれアイデンティティをもつようになってきたのですが、それが欧米諸国は気に入らない。そこで過剰に投融資している状況を利用して懲らしめたのが通貨危機だったと私は見ています。

当時、韓国に限らずタイ、とりわけインドネシアなどに対して欧米から指摘されていたのが、ファミリービジネスが多すぎるということです。これは専門的に言えばクローニー・キャピタリズムと言うのですが、私は「縁故主義的資本主義」と訳しています。すなわち、地縁、血縁、学閥などによって経済が動いている状態ですね。それだとよそ者が入りにくいからアンフェアだろ、という指摘です。このクローニー・キャピタリズムをぶっ壊しにいくぞ、という欧米の意向の結果が通貨危機であったと考えればわかりやすいと思います。

つまり通貨危機は非常に作為的に起こされたものです。例えばタイでは、97年の4月、急にタイバーツが下落したのですが、タイバーツを一気に売ったのは主要な米銀たちです。危ないと言われていたところで一気に売ったので、タイバーツを持っている人たちは皆売りに走りました。同様の事態が、同じくクローニー・キャピタリズムがはびこっていたインドネシアに飛び火し、さらには韓国に広がっていった。なぜタイから始まったのかといえば、当時タイの為替市場は最も自由化が進んでいたから狙われたのですね。

白　あの頃のことを思い出すと、真田さんから連絡をいただき、「このままいけば起亜がダメになりますよ」ということでした。起亜は当時韓国第2位の自動車会社でしたが「唐突に何を言っているんだろう」と意味がわからなかったのですが、あれよあれよという間に経営危機に陥り、ヒュンダイに吸収されることになりました。あの時、真田さんが先を見通しておられたことに非常に驚いたのを覚えています。

真田　通貨危機の直前まで、韓国は伸長するアジアの代表的な存在でした。客観的な指標として、当時のムーディーズなどの韓国国債の格付けはダブルAでしたから。そこから急に、誰もが予測できない暴落となり、事実上のデフォルトが発生したわけです。みんな韓国については、「実体経済がちゃんとしてるから大丈夫だろう」と思っていたところに、97年11月、いよいよ韓国の金融危機は回避出来なくなりました。それで韓国は「これではどうしようもない」ということでＩＭＦに支援を求めたのですが、当時は韓国政府や経済界も、ここまで行くとは思っていなかったでしょう。

私は同年7月のタイバーツの危機の段階から、欧米の金融機関とそのバックにいる人たちの意向を感じていましたので、韓国は厳しいことになるだろうと予測はしていました。当時、日本政府に対し、「日本だけでも韓国にはバイラテラル（日本が国際金融機関を通さず韓国を相対にして直接助ける）でいきましょう」と提言しました。それは冒頭に白さんがおっしゃったように、日本経済にとって韓国は、いろいろなものを供与しているけどお客様でもある、共存共栄の関係だからです。しかし米国筋は「これは国際金融秩序の問題である」として、二国間の支援はできなかった。だから11月の初めの段階で、我々ソウルの邦銀6行で歯を食いしばって、韓国外換銀行に対し3億ドルの融資を行いました。国レベルでなく民間レベルで支援をしたわけですが、そこまでしても韓国を助けなきゃいけないと我々民間は思っていたわけですね。ところが結局韓国は、ＩＭＦの支援を求めざるを得なくなり事実上の国家破綻に陥りました。

ただ、これは銀行としては債務不履行にはなっていません。一時的に状況は悪くなりはしましたが、その後韓国はＶ字回復しましたから。

白　やはり日本と韓国は共存共栄の関係であって、韓国がダメになれば日本も危ない、という意識が銀行にはあった。その総合的な判断として支援しようとなったんでしょうね。

真田　その通りです。通貨危機後の韓国ですが、事実上の管財人であるＩＭＦの意向のもと、経済の国際化という名のアメリカ化を進めていきます。そこで問われるようになったのが、コーポレートガバナンス（企業統治）、トランスペアレンシー（透明性）、コンプライアンス（法令遵守）——これはどの法に従うかで話は変わってくるのですが国際法すなわちアメリカ法ですね——といった事柄です。そして結果として出てきたのが、外国人の社外役員を入れなさいとか、外国、なかんずくアメリカをよく知っている大学教授を社外役員で入れなさいということで、ここで韓国経済の根幹が大転換した、と私は見ています。

韓国はなぜV字回復できたのか

真田　その後韓国では、ビッグディールと呼ばれる業界の再編が行われます。先ほどのヒュンダイと起亜などもそうですが、企業の合併や統合が盛んに行われました。これは結果として言えば、人口規模に対して企業の数が多かった韓国経済を適正規模に持っていくことになりました。力が集約されて競争力がアップしたのですね。その結果、これからは国内マーケットに加えて改めて海外に打って出ようとなり、国際化を進めていく流れが一気に加速します。グローバルスタンダードという名の欧米化ですね。それまでの、日本とアメリカを中核とした経済構造から、売り先を欧米全体に拡大していったのです。そこで何を輸出したのかと言えば、自動車、電気製品、半導体といった、これまで日本が得意としていた商品です。

白　IMF通貨危機の直後韓国に行ったのですが、非常に閑散としていました。それまでの韓国は景気が悪くても活気はあるという感じだったのが、ちょうど冬の時期ということもあって驚くほど静かで、「これが経済がダメになるということなのか」と如実に感じたものです。

その後韓国はV字回復を見せるのですが、そこで感じたのが韓国人のマインド、切り替えの速さというか楽天的なところです。悪くなればなったでそれを受け入れるんですね。例えば、それまで「シャネル」という名前だった高級クラブが、ある日突然「居酒屋ＩＭＦ」という店名に変わったりしている(笑)。ＩＭＦっていうのは当時、流行語にもなったんですね。そうやって楽しんじゃうような気質が韓国人にはあるんですよ。

それとこの時、韓国では金利が猛烈に、それこそ20％くらいまで上がったのですが、それによって不労所得を得る人が増えて消費が活発になったという面があり、それがV字回復につながったのではないかと見ています。もちろん、金利が上がれば借金漬けの会社などは淘汰されてしまうのですが、逆に高金利でも持ちこたえる会社はそれなりの強さをもっているわけで、高金利になったことで、結果的に韓国企業の体質が強化されたのではないかと見ているのですがいかがでしょうか。

真田　そうなんですよ。加えて韓国は、金利が高くなる一方で為替は弱くなっていった。今の日本で高金利政策をとると、お金が集まってしまって為替も強くなるのですが、当時はそうはならなかったんですね。そうすると、白さんが言われた比較的強い企業を中心に輸出が活発になってきたんです。これが先ほど申し上げた国際化の流れとも合致しました。その結果、外需も回るし内需も潤うということになってV字回復が実現したのです。

ただ、今のお話に一つ付け加えておきたいのですが、韓国の人たちは楽天的とはいえ、あの時相当プライドを傷つけられた。だから今でも、IMFやアメリカに対する恨みは非常に根強いものがあって、そのあたりも近年の中国への接近などと関係しているのではないかと思います。

白　あの時の教訓として、日本政府と韓国政府の間でスワップ、通貨交換協定を結ぶことになりましたね。

真田　それは実は私が韓国の依頼を受けて日本政府に提案したんです。当時の首相筋まで行ってお願いしたんですよ。

白　そうなんですよね。それでいざというときに日本と韓国の間で通貨を融通し合うという協定を結んだわけですが、それが2015年2月、終了してしまったんですよね。

真田　これは韓国の方からその必要はないと断ってきたんです。人民元が強くなっていく一方でドルのポーション（割り当て）が下がれば、日本に借りを作っておく必要はないと判断したのでしょう。

白　私は個人的には続けるべきだと思っていたのですが、スワップ中止については、日本も韓国もどっちもどっちなんですね。これは真田さんにお聞きしたいのだけども、経済って意外と感情で動いているのではないかと。政治、特に外交もそうで、相手のことが気に入らないとか、そういったことで国益に反するようなことが決まったりすることが多いんです。経済も数字だけじゃなくて、気持ちというか人と人の付き合いの中で意外と物事が決められていくのではないでしょうか。

真田　おっしゃる通りですね。経済というのは信用で成り立っているものですから。全く信用がない相手にはお金を貸さないですし、ある程度信用があるのなら担保を取って貸します。完全な信用があれば「いいよ、持っていけよ」となる。やはり経済の源は信用で、そこには固有名詞がある、つまり人間関係なんですね。

白　外交もそうだなと感じますね、やっぱり人間関係ですよ。

日本経済と韓国経済のこれから

真田　こうしてV字回復を遂げた韓国経済ですが、通貨危機以降、技術力も相当にレベルアップしてきました。特に携帯電話や電気製品のグローバルシェアでは日本を凌駕するほどの実力を身に付けましたが、本質的な部分での品質ではまだまだ日本に敵わないと思っています。そして今も、日本にキャッチアップすることを目標としているのではないでしょうか。自分たちの弱さを認識し、それを改善していくのが今の彼らの原動力だと思いますね。

白　電子機器にしても部品の多くは日本製品に頼っていますし、射出成型機などの製造装置は日本製が多く使われています。韓国政府としてはそこに力を入れようとしているのですが、人材難などでなかなかうまくいかないようです。だから割り切ってしまって、自分たちでつくれないものは日本から買えばいいやと発想を転換できるのも韓国なんですが。

真田　その割り切るときに、日本とは仲良くしようという発想が日韓双方で出てくるといいのですが、これが政治の世界でなかなか出てこないので、民間のほうも前に進めないわけです。

白　本当にね、そこが上手くいけば日本も儲かるようになっているんですよ、経済構造として。だから韓国が発展したら、「なんだよ」と思うんじゃなくて「よかったね」と思えばいいんです。だって日本も儲かるんだから。

真田　トータルで見たらそういうことだと思いますよ。個別に見れば韓国企業がライバルという日本のメーカーも多いですが、全体的には韓国が儲かれば日本も儲かるという構造になっています。だから韓国がどうの、日本がどうのと目くじら立てずに、お互い上手くやっていけばいいじゃないかというのが、白さんと私の昔からの考え方です。そういう事例もあって、例えば東レなどは韓国企業とかなり協業を進めていますね。

白　あと海外のプラント建設などでは、日韓の企業が手を組んでやっている事例が多くあります。そういったことをもっとお互いにわかるようにすれば、共存共栄の関係を推進できると思います。

2　中国経済の動向

――では次に中国経済についてお話しいただきたいと思います。2015年前半は中国が主導するAIIB（アジアインフラ投資銀行）が話題になりましたが、そもそもAIIBの狙いは何なのか、そのあたりからお聞かせいただければと思うのですが。

真田　AIIBに限らずこういうふうに考えていただきたいのですが、2014年6月、中国の習近平国家主席は、「アメリカを除く」とわざわざ条件を付けたうえで、「アジアの、アジアによる、アジアのための新しい秩序をつくっていきたい」と表明しました。これはあくまでスローガンに過ぎないのですが、それを言った1週間後に、「BRICSバンクをつくろう」と具体策を打ち出しました。ブラジル、ロシア、インド、中国、南アフリカ、この5か国で新興国の新興国による新興国のための開発銀行をつくるんだと世界に明言したわけです。これは現行の世界秩序を崩すものとして、国際金融筋には衝撃を持って受け取られました。ただ大騒ぎになった半面、「そんなことできっこないだろう」とみんな様子を見ていたわけです。

そして2014年後半になっても進展がないので「やっぱりできないじゃないか」と思って

いた矢先、金融の世界では「どうも中国はＡＩＩＢというのをつくろうとしているらしい」という情報が回るようになりました。これは我々からしてみれば、新興国の新興国による……から、アジアの新興国のアジアの新興国による……にトーンダウンしたものと受け取られました。実際はまぁそんなもんだろうな、と。

白　それは現行のアジア開発銀行（ＡＤＢ）に対抗するものとしてつくろうとしていると認識されていたのですか？

真田　そうです。中国は現行の世界銀行グループに対抗するものとしてＢＲＩＣＳバンクをつくろうとした。それがスケールダウンして、ＡＤＢに対抗するＡＩＩＢになったのだと思っていたのですね。

それが２０１５年になって急に潮目が変わりました。みなさんの耳にＡＩＩＢが出来そうだという情報が入ったのは1月くらいだったと思いますが、何が潮目を変えたかといえば、イギリスがＡＩＩＢを事実上容認したことです。

白　そうですね、大ニュースになりました。

真田　イギリスがＡＩＩＢを容認する背景に何があったのか。実は２０１４年12月、中国の李克強首相が欧州を訪問した際イギリスにも赴き、「今回の晩餐会はエリザベス女王と習近平国家主席が同席するようにしてもらいたい」と強引に押し込みました。イギリスはそんなことやりたくなかったのですが、なぜ李克強さんはこういった行動に出たのか？　考えてみてください、中国は阿片戦争（１８４０〜42年）でイギリスに敗れ、そこから欧米列強に食い物にされる屈辱的な時代が続きました。日本には抗日戦争で勝利しましたが、イギリスにはまだ勝利したことがない。中国人は日本、韓国以上にプライドが高いですから、近代においてズタボロにされた記憶は忘れようがない。だから力をつけた今、お互いの国のトップ同士が対等に並ぶことでやっと精神的な清算が終わり、これからは中国の時代だ、となるわけです。

白　なるほど。で、イギリスは納得したわけですか？

真田　納得させるために李克強は、中国が国際社会でやっているいろんなことを徹底的にイギリスに対して叩き込んだんですね。それを聞いたイギリスは、「思った以上に強いぞ」と。「もう中国を外から食い止めることはできない」と判断したのです。外から止められないのであれば戦略的にはどうすればいいか。中に入り込んで、相手の考えていることをじっくり観察したほうがいい、場合によっては中からブレーキをかければいい。それがＡＩＩＢ容認の背景にあるのですね。

白　イギリスの金融におけるプレゼンスは非常に高いものがありますね。金融では大英帝国、英国連邦というのが今も威信があります。イギリスがなびけばオーストラリアやインドも一気になびく。

真田　だから英国連邦を引き連れて、内側から中国をモニタリングし、ブレーキをかけようと考えた。ＡＩＩＢも組織ですから、出資比率に応じてブレーキが掛けられる。英国連邦にはインドやオーストラリアといったアジアの国がありますから。それで皆を引き連れてＡＩＩＢに参加したのです。

アメリカの顔色をうかがっていた韓国も、イギリスと連邦国の様子を見て「これは行ける」と一気に飛び込んだわけですね。そして参加57か国にまで膨れ上がりました。

白　なるほど、発端は阿片戦争にまでさかのぼるわけですね。それで中国は、本当に心の清算になったのですか？

真田　なったと思います。中国国内で報道されているあの時の晩餐会の報道を見てください、習近平が大きく見えるような角度で撮って、一方のエリザベス女王はご高齢ですから小さく見えるようになっています。それを国内で何度も流して、これからは中華の時代だと国民に印象付けたのですね。それは、「小さな不満はあるだろうがいまは我慢してくれ、これからは我々の時代なんだから」という国民へのメッセージでもあって、国内の不満を消化する狙いもあったと思います。

パックス・アメリカーナの崩壊への足音

白　逆にイギリスにとってみれば、アメリカとの関係はどうなるのかという。

真田　当然こじれますよね。だから今回、ＳＤＲ（特別引出権。ＩＭＦに加盟する国が持つ資金引き出し権）に人民元が採用されたのもイギリスの仕業です。私から言わせれば自由化が進んでいない通貨を、日本円を追い抜いて3番目の通貨に設定するなどとんでもない話ですが、イギリスがまず容認し、ヨーロッパ勢がそれに呼応することでそうなりました。

白　アメリカとしては、アメリカ主導の世界秩序の中に中国が入ってくるのを望んでいたと思うのですが、イギリスが抜け駆けすることで、そうではなくなってしまったことになりますよね。

真田　世界秩序ということでいえば、近代のパックス・ブリタニカからバトンタッチするかたちで現代のパックス・アメリカーナとなったわけで、日本も２０１４年段階では英米が足並みを乱すことは考えていなかったと思うんです。ところが実際は、イギリスとアメリカの歩調が合わなくなってきていて、中国のＢＲＩＣＳバンク構想〜ＡＩＩＢ〜ＳＤＲといった流れにイギリスが乗った。その結果、パックス・アメリカーナが崩れてきているのが現在で、これをアメリカが心よく思っているはずはないでしょうね。

白　でもやっぱり、いくら足並みが乱れていると言っても英米はお互い兄弟みたいなものですから、その辺どうなんですか？　結局は最後どこかで妥協するとか。

真田　その可能性ももちろん考えられます。ただ、実はいま、アメリカとイギリスの間で金融のトラブルが発生しているんですよ。

みなさんご存じのとおり、世界の基軸通貨は米ドルです。世界のどこに行ってもモノやサービスと交換できるのが基軸通貨ですから、国際的な決済の多くは米ドル建てで行われます。主要商品はすべて、石油は1バレル何米ドル、金は1オンス何米ドル、鉄鉱石は1トン何米ドル、という具合に決められています。そうなると各国の国際的な金融機関は、決済資金を米ドルで持たなければならない。米ドルで持とうとなると、お金が足りないときは調達したいし、余ったときは運用したいとなるわけですが、それを一番安全で確実に行えるのは、世界で最も米ドルの集まる市場、すなわちアメリカです。日本も中国も韓国も、各国の金融機関はみんな、国際的な決済資金をアメリカに置くわけです。

この資金はアメリカの国内法で統治されますので、アメリカ政府は資金の流れを必要に応じてモニタリングできるし、必要に応じて凍結することだってできます。そういった枠組みの中でアメリカが何をやっているのかというと、マネーロンダリングされていないかとか、テロ資金についてきちんとチェックしてくださいよ、と各国の国際金融機関に通達しています。ところがこれを、イギリスの金融機関が漏らしてしまったんですね。ひょっとしたら意図的に漏らしたんじゃないかとアメリカは考えているかもしれませんが。で、それに対して怒ったアメリカは、こともあろうにイギリスの銀行に制裁金を課して罰金をぶんどったわけです。その前の段階でイギリスは、「我が国の銀行にそこまで介入しないでくれ」と言っていたのに、アメリカは罰金を取ってしまった。決済させないぞ、凍結するぞと強権をちらつかせてね。この罰金でイギリスの銀行がつぶれるようなことにはならないのですが、金融大国としてのイギリスのプライドは傷つけられたと思います、なんてことをやってくれるんだと。少なくとも金融界では今、イギリスとアメリカは少し衝突している可能性はありますね。

白 なるほどねぇ。これは直接的な要因ではないかもしれませんが、最近の対ＩＳなどの「テロとの戦い」とシリアの難民をめぐる問題で、欧州諸国は「アメリカさん何なんだよ」という思いがあると思うんですね。結局アメリカが好き勝手やってきた戦争のツケが全部ヨーロッパに回ってきているという認識、つまりアメリカに対する不信感みたいなものがあるんじゃないかと。

真田 それはフランス、ドイツは特に強いでしょうね。イギリスも、先ほど申し上げた金融界のトラブルなどを背景にして同じようなマインドに変わりつつある、私はそう見ています。

白 逆に言えば中国は、その間隙を上手く突いたということですね。

真田 その通りです。戦争というのはね、仲間割れをさせるのが一番いい。そのために諜報戦略が生きてくるんですね。間者を飛ばして「どうもあんたの仲間が悪いことしそうだぞ」と吹き込み、疑心暗鬼をつくればいいんです。「ひょっとしたら……」と思わせればそれでいい。中国もそれをやっているんじゃないかと。そうなるともう、スパイ活動の世界ですね。

これでいいのか、日本の立ち位置

白　日本はＡＩＩＢに対し、どう向き合っていくべきなのでしょうか。

真田　日本はここに至る前、もっと以前の段階で、中立的な立場から貸しをつくるかたちでＡＩＩＢに入るべきだと私はずっと言っていました。そうするとアメリカは嫌がるでしょうから、アメリカに対しては、「アメリカさん、私があなたの代わりに中に入ってきちんとモニタリングしますから。間者になりますから入れさせてください」とこっそり言って入ればよかったのです。

白　私もね、トータルで考えれば入ったほうがいいと。イギリスが入ったのだから入るべきだったと思うんですよ。

真田　もっと言えばイギリスが入る前の段階で、「間者になりますから」と水面下で米国にお断りしたうえで入ればよかったんです。実はこれ、永田町のみなさんには申し上げたんですが、やってくれませんでした……。

今から入るという選択肢はもうなくて、こうなったら日本は、歯を食いしばってアメリカを支えていくしかないだろうと私は見ています。ただ、アメリカに梯子を外されるかもしれない。

白　ああ、アメリカが入っちゃうという。

真田　そうなれば一緒に入って、日本のポジションをちゃんと確保してくれとアメリカに頼むしかないですね。ここまで尽くしてきたんだからと。そう言うしかないですよね。

白　カラオケでよく歌われる「さざんかの宿」ってあるじゃないですか、「つくしても／つくしても／あゝ人の妻」って（笑）。本当に最近の日本ってこういう感じで、アメリカに見捨てられないようにしなければならない、それ以外のことが考えられなくなっていますよね。今は本当に、日本がどこにポジションを取っていくのか、考え直すターニングポイントではないでしょうか。

真田　同感です。まさに今、日本はターニングポイントに差し掛かっているんですよ。でも今のＡＩＩＢ体制について言えば、しばらく日本は様子を見るしかない、そう思います。

そしてこれまでの話は覇権争いで世界秩序が変わるということですが、国の枠組みから世界秩序が変わる可能性も高まっています。例えばスコットランド、結局否決されましたがかなり現実的に独立の議論が進みましたよね。スペインではカタルニアやバスク地方で独立運動が生まれていますし、ベルギーですらいま分裂の気運が少しずつではありますが高まっています。香港だって中国に帰属するのを嫌がっていろんな動きが起きていますし、日本だって沖縄がそういうことを言い出すかもしれない。そして本書のテーマである韓国でも、朴槿恵政権の支持率が低下するなか、国民に受けのいい統一の話が持ち上がってくる可能性があります。そうなると様子を見ていた習近平が「中国が後押しするから韓国主導で統一したらどうだ」と持ち掛けるかもしれません。

白　実際最近、韓国で以前は考えられなかった「平和統一」という言葉が盛んに言われるようになりましたね、それも有識者の間で。驚きましたよ。

真田　それは中国の政治的な意向が背景にあるんです。朝鮮半島が中国の後押しで平和裏に統一されれば、中国に一気になびくことになりますからね。そういった感じで、国の枠組みが変わることで現行の世界秩序が一気に変わってしまう可能性もあるわけです。

もう一つは過激派の動きです。この連中はとにかく現行の世界秩序が気に入りませんから、直接的な行動以外にも、水面下でアメリカとロシアを仲違いさせるとか、トルコとロシアの関係を悪化させるとかいろんなことを仕掛けてきます。

このように現行の世界秩序がいつ変わってもおかしくない状況で、日本はどうするのか、ということです。現行の世界秩序のトップであるアメリカに尽くすことだけが本当にいいのかどうか、少し考えてみる必要があるのではないでしょうか。

中国バブル崩壊はやってくるのか？

白　そんな世界秩序を塗り替える勢いの中国ですが、噂されるバブルの崩壊はやってくるのでしょうか？

真田　中国の経済は今、間違いなく悪いです。まずは定性要因、肌感覚ですが、私がお付き合いしている日本企業は、２０１５年に入って中国でのオペレーションが半分くらいになっています。中国企業も同じような状況です。８月にある日本企業の社長さんが新聞紙上で「中国の成長率は実感として４％前後だろう」とおっしゃっていましたが、私もそのように思いますね。

定量要因を見ても、中国政府が正しいとしている物流の増加率と電力消費量の増加率が短期間で見ると前年比マイナスになっていることから、実体経済の落ち込みは確実だろうと思います。

だけど、中国政府の発表した経済成長率は６・９％となっている。このギャップは何かというと、インフラ開発バブルです。すなわち、今の中国の体力ではやってはいけないようなインフラ開発、今やらなくてもいいようなインフラ開発を前倒ししてやっているんですね。バブルというのは金融経済のバブルと実体経済のバブルに分けて考えるべきなのですが、なぜ中国が金融ではなく実体経済のバブルを起こしているのかというと、中国にはまだまだ実需があるからです。私が入りこんでいる中国の奥地、例えば北の方に行くと土壁の家がまだまだありますし、トイレは屋外です。そんな感じですからインフラ開発の余地はまだたくさんある。だから、金融でバブルを起こすのはむしろしたくないんです。財政出動を伴う場合は、資金が不動産投機にもっていかれないようにコントロールしてきたわけですね。

それでなぜインフラ開発バブルを起こす必要があるかというと、数字がつくれないからです。新たに労働市場に流入してくる人たちの雇用を吸収するには毎年7％の成長が必要であるとしているのです。人口というのはかなり正確に先読みできるデータですから、毎年発生する雇用を吸収するためにはどれくらいの経済規模が必要かがわかる。それで数字をつくっているんです。

ところがこのインフラ開発バブル、中国政府の思惑を超えて投機にお金が回っているんです。富裕層によってお金がお金を生むような方向にバブルが発生し、それがはじけるかもしれない、というのが今の状況です。もうすでに危険水域に入っていると思います。ただ、バブル崩壊が起こるか起こらないかといえばそれはわかりません。なぜならお金というのは、いくら借りていても「返せ」と言われない限りは破綻にはならないからです。利子さえ払い続ければ、いくら債務が増えても返せと言われない限り破綻はしない。バブルは起こっていても破綻はしない、そういう状況をたぶん中国はつくっていくと思いますね。

白　中国には底なし沼のように資金需要があるわけですからね。底が見えちゃうとバブルがはじけますが、いくらでも需要があるんだよとなれば、底なし沼の中にバブルがどんどん吸い込まれていく。

真田　そうなんです、そこに流し込んでいけば、いまは加熱していても上手にコントロールすれば大丈夫だろうと。その方向に中国政府はもっていきたいわけですが、そのためのマネジメント能力はあると私は見ています。

白　そうなると、いま中国政府は海外のカジノでお金を使うような行為を制限していますが、そうやって富裕層に対して引き締めるような方向を出していく必要がありますね。貧富の差が広がってきている状況で、国民の不満も高まっているでしょうから。

真田　おっしゃる通りです。それをやらないと、投機をやっているような人たちをこらしめないといけなくなって、それで破綻が発生することになりますからね。

白　あと、日本のマスコミがよく伝えていますが、中国では人が入りもしない住宅をつくり続けていて、だからバブルはヤバいよねみたいに言ってるわけですが、あれは実際どうなんですか？

真田　これは実際にあります。その住宅をつくるお金を貸した人が「何だよ、誰も入らないじゃないか、金返せよ」と言えば破綻してしまうわけですが、それを言わせてないんです。そういった不良債権を国が引き取っているからです。国には不良債権がたまってきているのですが、各金融機関には残っていないように見せかけているんですね。だから、そういうことがわかっている連中は、中国政府のバランスシートが痛んでるんじゃないか？　と懸念するのですが、政府ですから、どんどん輪転機を回して人民元を国内に供給すればいいわけですし、今後人民元が基軸通貨になれば、国際社会に人民元を流していけばいい。アメリカだって財政赤字を抱えていますよね、そのポジションを中国がとれれば問題は顕在化しないよねと、そういう見方もできるんです。だからそこまで行くのか、行かないのか、みんな見極めている状態ですね。

結論としては、バブルがはじける可能性は十分にあるのですが、ないとも言える。私は感覚から言って、危ないけれども今のところ破綻するとは考えられないですね。ただ、起こるときは一気にいきます。アジア通貨危機におけるタイみたいに、ある日突然破綻することになるでしょう。

白　なるほど。中国からの観光客が日本で〝爆買い〟している、こういった状況はしばらく続きそうですね。

真田　人民元がＳＤＲに入って安定的に強くなっていきますからね。さらに為替も強くなっていくとも思われます。ここでポイントは個人の爆買いよりも、企業の行動です。強い為替を背景に、中国企業が海外企業を買収したり不動産を買い占めていく。これを通じて統治していくんです。中国のスタンダードを広めていくんです。

白　だから日本が今円安政策にしているというのは、安倍さんは中国のこと嫌いかもしれないけど、中国人に東京の一等地を買われることになるわけですよね、実際そういうことが起きているわけですし。

ただね、右翼的な人たちが言うような、土地を買われることが領土をとられることにはならないとは言っておきたいですね。国は国ですから。日本の土地を外国人に買われること自体は日本の主権を脅かすものでは全くない。でも、経済的に支配されることにはなるんです。私はいわゆる領土問題より、そっちの方がよっぽど問題だし怖いことだと思いますね。

真田　まったくその通りですね。今の日本の為替政策は、短期で見れば爆買いとか外国人観光客の増加という現象は確かに見られるものの、中長期的に見れば、国の通貨を弱くすることになると思います。通貨が弱くなるというのは、国力が落ちることとイコールなんです。通貨は国家の主権の象徴ですから。マーケットの判断で通貨安になっていくのは仕方ないとしても、自ら自由通貨を意図的に通貨安にし、現象面だけを捉えて「儲かっているからいいだろ」というのは、私は詭弁でしかないと思いますね。

3　ASEAN諸国の動向

――次にASEAN諸国の現状と日本との関係についておうかがいします。安倍首相は第二次政権発足後、最初の訪問先に東南アジア3ヵ国を選んだように、ASEAN諸国重視を前面に打ち出していますが……。

白　安倍さんの外交スタンスは何かというと、中国を包囲することなんです。安倍さんのASEAN重視というのも中国包囲網の一貫なのですが、こういうのは真田さんもおっしゃったように深く静かにやらなきゃいけないのに、大っぴらに喋りながらやっている。それは戦略上非常にまずいと思いますね。

実はこれ韓国もそうで、金大中大統領時代に北朝鮮に対して太陽政策というのをやっていましたね。これは北風を吹かせるのではなく、太陽すなわち融和的な政策で相手の懐に入っていくというものですが、そもそも語源となったイソップ寓話を考えてみてください。北風と太陽、どちらが旅人の上着を脱がせることができるか競うお話ですが、彼らは旅人には言わずにやっているんですよね。旅人に「上着を逃がせるぞ」とあらかじめ言ってしまっては、脱ぐはずがない（笑）。言わないでやるから戦略なわけで、露骨にやってはダメなんですよ。

真田　おっしゃる通りですね。そういう意味では白さん、私は、政治家というのは「国益」という言葉を使ってはいけないと思うんです。外国に対し、「じゃあウチの国の利益と合わなければ対立だな」と身構えさせてしまう。政治家には自国民のアイデンティティとかナショナル・インタレストは持っていてほしいのですが、それは心に秘めておいてほしいですね。

白　例えば「日本と韓国が仲良くすることがお互いの国益になる」という使い方ならいいと思うのですが、「中国を封じ込めることが日本の国益だ」とか、そういった使い方はまずいですよ。真田さんが言わんとすることは、「仮想敵国をつくるな」ということですよね。

真田　そうです。このＡＳＥＡＮにしても、私はこう見ているんです。中国という中心があって、そこにぶら下がるリングのようなものです。それは同様に中央アジアだとか朝鮮半島、できればシベリア辺りも、中国を軸にしてぶら下げていく、そういう戦略を中国はとっているように思います。

その中でのＡＳＥＡＮですが、ここには華僑という仲間がいます。戦前までの架橋は国民党・台湾派と共産党・大陸派に二分されていましたが、現在は共産党・大陸派が増えている。中国はそういった人たちを巧みに使って、まずは経済から懐柔していくようなことを長年にわたって行ってきました。例えばタイにはチャロン・ポカパン（ＣＰ）という中国系の財閥企業があるのですが、中国はＣＰから人材を呼んで農業問題のアドバイザーになってもらったりしていた。先ほど経済も政治も結局は人だというお話がありましたが、こうやって人のつながりからリングをつなげていこうとしているんですね。

白　人のつながりに加え、地政学的に見ても、中国本土の周りにアメリカの同盟国はないんです。全部、中国と深い関係のある国が周りを取り囲んでいる。それを上手く利用しながら影響力を強めていますよね。特に注目なのがミャンマーで、アウンサンスーチーさんはこれから相当中国に絡んでくるのではないかと見ています。

そもそも中国には歴史的に言って、国境という概念があまりないのではないでしょうか。国境というのは欧米人のように線を引いて旗を立て「ここがおれの土地だ」みたいなものではなく、常に動いていて、徳のある人物がいてその人が治める土地がある、そんな感覚の延長線上に今の中国がある気がしてならないんですよね。

真田　そうそう、賛成ですね。ただ、そうはいってもASEANという組織、これはもともと政治組織だったわけです。リー・クアンユー（シンガポール初代首相）が中心となって、中国共産党人民解放軍の南下を防ぐために弱い国がまとまろうという反共の防波堤としてつくられたのがもともとのASEANなんですね。だから今は経済の面が強調されているものの、もともとがそういう組織だから、中国に対する警戒心がないわけではないと思います。

そして先ほど白さんが気になるとおっしゃったミャンマーですが、直近ではかなりアメリカに接近しているものの、以前の軍事政権時には欧米から経済制裁を受けていました。その頃、誰も助けてくれなかったときにミャンマーに手を差し伸べていたのが実は中国です。ミャンマーというのは多民族国家で、中心がビルマ族で6割ほどを占めているのですが、ビルマ族は常に、インドから攻められ、中国からも攻められ、タイからも攻められていて、周辺国家がみんな嫌いなんですね。そういう経緯もあって軍事政権は国際的に孤立していたわけですが、そこに目を付けたのが中国で、手を差し伸べたわけです。中国は早くからミャンマーに入り込んでいて、中国との国境付近では中国の放送がばっちり入ったりします。

なぜ中国はミャンマーに接近したのか。そこには当然中国の戦略があります。中国は食糧やエネルギー、原材料などを中東やアフリカから輸入しますよね。その時船で運ぶわけですが、マラッカ海峡を抜け南シナ海を抜けないと中国にたどり着けない。これを非常に地政学的なリスクであると考えた中国は、自国に接していて、インド洋・ベンガル湾に接していて、なおかつアメリカやイギリスとは対峙している国、ミャンマーを重視しているんです。

白　ミャンマーではミャンマー人のイギリス人に対する植民地時代の微妙な感覚からスーチーさんの評価は分かれていて、やっぱり旦那さんがイギリス人だったというのはミャンマーの人にとっては複雑なんですよね。

真田　政治手腕も未知数ですしね。

白　だからスーチーさんが表舞台に出てきたからミャンマーが良くなるという風には楽観できなくて、軍事政権とどう折り合いをつけていくかというのは注視が必要です。ちょっとミャンマーはこれから不安定になるかもしれませんね。

ASEANは中国包囲網では決してない

真田　ミャンマーの他に私が気にしているのがタイとインドネシアです。日本企業の多くは「チャイナプラスワン」でタイに出て行って、タイに大きな産業クラスターを形成しました。電気・電子、半導体から進出して、今は自動車と同関連業界がずいぶん行ってますよね。そのタイが飽和状態になってきたので、今度は「タイプラスワン」でインドネシアに進出し始めました。この2国は日本企業にとって非常に大事な拠点となっているわけです。

まずタイですが、プミポン国王（ラーマ9世）の健康状況が非常に良くない。最近の新聞では「プミポン国王の健康状態が良い」といったことがニュースになるのですが、逆に言えば普段は悪いということです。タイにおけるプミポン国王の威厳は相当なもので、軍も国王の威光を受けて動くというかたちです。そしてプミポン国王を継ぐことになる皇太子がいるのですが、これがすこぶる評判が悪い。だから王位を継承しても威厳は継がれないだろうと言われています。求心力を失った社会では端的に言うと金がモノを言うようになるわけですが、そうなると政治状況はタクシン派に分があるだろうと言われています。そしてタクシン派の総帥タクシンは華僑なんですね。

私が見るところではタクシンという人はもともと共産党寄りではなかったのですが、首相を追い出された後、香港を拠点にしていた。その様子を見ていた中国が、かなりタクシンを囲い込んでいるのではないかと思われます。

白　なるほど、未来への投資をしていたわけだ。

真田　もし今後タクシン派が勝つと、タクシンを取り込んでいた中国はグッとタイに手をこじ入れてくると思います。これは未確認の情報なのですが、どうやらタイの電力会社と中国の電力公司が水面下で電力の融通に関する話し合いを始めたらしい。また、その電力は水力発電であり、水の融通の話もしているかもしれない。電力と水、これを融通し合う関係ということになれば、事実上の同盟国と言ってもいいでしょう。こういうかたちで、中国がタイの体の中に手を差し込んでくる可能性があるわけです。

日本人は「タイは親日国だ」とシンパシーを感じているわけですが、政治の流れは中国に向かっている面があるかもしれません。

白　インドネシアもそうですよね。日本は親日国だと思っているけど、実際のところはわからない。

真田　日本は30年以上続いたスハルト政権と仲が良かったのです。そもそもインドネシアの歴史を見ると、独立して初代大統領となったスカルノは、1965年の9月30日事件というクーデター（急進左派軍事勢力による国軍首脳部暗殺というクーデターと、それを鎮圧するスハルトら右派軍事勢力を中心とする反クーデター。この後、スハルトによる共産党弾圧が苛烈化した）で、親共路線の責任を問われて失脚しました。インドネシアには、アジアで最古の合法的共産主義政党であるインドネシア共産党が存在し、冷戦下の東南アジアでは最大の規模を誇っていたのですが、これをスハルトは徹底的に弾圧し、親米反共路線を進めるなかで日本とも接近したわけです。スハルトは1998年に大統領を辞任しましたが、その後も国軍筋はしばらく既得権が残っていましたから、日本の基盤もそれなりにあった。

　ところがスハルトの影響力が弱まっていく中で、2014年、庶民派と言われるジョコ・ウィドドが大統領に選ばれました。ジョコは反スハルトの立場ですから、スハルトのやった弾圧や粛清を徹底的に暴き、共産主義とも付き合うというスタンスを明確にした。そこで中国とも仲良くなっていったんです。

　だから国際金融筋はジョコが大統領になったとき、これで日本とインドネシアの関係は変わると見ていました。案の定、ジョコは「これからは日本がリードするＡＤＢではなく中国がリードするＡＩＩＢだ」と公然と言ってのけましたよ。

白　新幹線が受注できなかったのも当然だ。

真田　当たり前なんです。日本政府は「あんなに仲良かったのに裏切られた」みたいな反応ですが、ジョコが大統領になった時点で様々なリスクが発生したにもかかわらず、何も手を打っていなかった。これは政治の問題だと我々は見ています。

白　それは外務省をはじめとした日本の情報収集能力の欠如という問題でもありますね。

真田　頭だけじゃなく、もうちょっと皮膚感覚で情報収集する。そして現場に即した情報をもとに未来を予測する。こういったことが必要でしょうね。

白　それを上司がきちんと吸い上げることも大事ですね。人事を気にして東京のほうばかりを向いていると、現地にお尻を向けることになってしまうんですよ。

　ところでＡＳＥＡＮでいま頑張っているのはベトナムとフィリピンですね。ベトナムは中国と南沙諸島の問題を抱えていますし、そもそも昔からしょっちゅう戦争していた間柄ですが……。

真田　ベトナムでも北の方の人たちは特に、中国に対していろんな感情を抱いていると思います。あの辺は中国の文化もかなり入っていますし、自分たちを「小中華」と言う人もいて、反発はありつつ、中国に対して憧れや劣等感などいろいろな感情を抱えていますね。だから中国に嫌悪感を持つようなことではパワーゲームで日本に接近することもありますが、何かの拍子に「日本もういいや」と中国に近寄っていくかもしれない。これだけは注意しておいたほうがいいです。特に今のベトナム政府は北の人たちが支配していますから。

だから南沙諸島の問題だけを取り上げてみると中国とベトナムは対立しているのですが、国家と国家で言えば必ずしもそうではなくてもっと複雑なんです。これを理解して関係を読んでいかないと、間違うんですよ。

白　今の日本の外交で一番の問題は、「向こうでなければこっちだ」「こっちでなければ向こうだ」という単純な発想なんですよ。オセロゲームでひっくり返るように敵と仲間が白黒で分かれているのではなくて、白と黒がクルクル変わっているようなのが現実なんですよね。黒と白が目まぐるしく変わってグレーくらいになっている、もしかしたらアジアというのはそういった状況かもしれませんね。

真田　まさにおっしゃる通りで、クルクル回っているのも全体としてでなく、このディールについては黒、このディールについては白といった具合に複雑に入り組んでいて、白さんがおっしゃるように全体としてはグレーに見える、そんな感じですね。

白　結局安倍政権の言う中国包囲網なんて、全然できていないということですね。

TPPの真相とEUと中国の距離感

真田　そしてTPPについてですが、結局これは「中国が怖い」ということを背景に大筋合意されたのです。中国の貿易額を見てください、もう世界第一位、輸出入の総計は4兆ドルを超えています。アメリカでも3兆9000億ドルですよ（2014年）。実体経済では中国は世界最大の存在ですから、いろんな国を相手にモノを売ったり買ったりしていて、お客様の立場を使って影響力を行使しているわけです。その影響力が行使できる範囲に対して、「アメリカがつくる枠組みじゃなく、こっちに来い」とあちこちで唾をつけています。そうやって実は、TPPに対抗する枠組みを水面下で準備しています。私たちにしてみれば、AIIBのようにある日突然浮上してくることになるわけです。

白　具体的には、ドルではなく元で決済する経済圏ということですよね。そうすれば為替のリスクはなくなりますから。日本もかつてやろうとしたことですが。

真田　なぜ日本がそれをやろうとしてできなかったのかと言えば、買ってやらなかったからです。中国は売る方も多いがちゃんと買ってもいる。その影響力を行使して、「ウチのスタンダードで提携組もうぜ」とやっていて、それに気づいたアメリカがTPPの基本合意を急いだわけですね。

しかしアメリカの思惑にはネックがあって、根拠法と裁判権の問題、ここがなかなか合意されない。

白　それがね……実は日本は合意しちゃったという話があるんですよ。

真田　本当ですか⁉　だとしたらそれはとんでもない話ですよ……。米国の思惑のまま決められてしまえば、問題が発生した時に、アメリカの法律で、アメリカの裁判所で、しかも一審制で処理されるようになるわけですから、これは完全な不平等条約です。しかもラチェットクローズと言って、一度決まれば50年間変えられないというのですから。

白　そうなったときに一番最初に狙われるのが日本の健康保険制度ですね。混合診療が始まった場合に医療費が高騰するわけですが、そこにアメリカの保険会社が入ってくるわけです。さらに日本には薬価基準というのがありますが、アメリカの製薬会社が「これは政府が定めた参入障壁で不平等だ」と訴えれば、根拠法と裁判権が向こうにあるのだから負けてしまう。そうなると国民皆保険制度のもと誰でも安価に医療が受けられる現在の仕組みそのものが崩れてしまう。このことを私は最も懸念しているんです。

真田　そうですね……。そういったことを隠しながら大筋合意に至ったと報じられているわけですが、そもそもTPPは、中国が主導する投資や貿易の枠組みに嫌悪感を感じる、同意しかねる国が集まったのが現状の12か国（オーストラリア、ブルネイ、カナダ、チリ、日本、マレーシア、メキシコ、ニュージーランド、ペルー、シンガポール、アメリカ、ベトナム）です。ここに先ほどのタイとインドネシアは入っていないでしょう。つまり向こう（中国主導の枠組み）に取り込まれる可能性があるということです。すでになびいているのがカザフスタン。ここは人民元建てで石油を輸出したりしています。基軸通貨を持つというのがどういうことか思い出してください。資金が国内に集まってきてそれをモニタリングできるようになる。ここにきて中国は、アメリカと対等になるわけです。

そういう中国の動きがあるから、EUはTPPとの連携を躊躇しているわけです。中国が主導するのであればそっちに乗ったほうがいいかもしれないと様子をうかがっているのですね。

中国とEUが接近している例をひとつお話ししましょう。

中国はご存知の通り「世界の工場」ですから、中国の発展は他国もそう願わざるを得ないという状況です。そのなかでいま、中国とドイツが接近しているのです。

2012年、ドイツは「第4次産業革命のステージに入った」と言い出しました。これはAI（人工知能）とものづくりの融合などを柱とするものですが、これに合わせてものづくりの新しいスタンダード、「インダストリアル4・0」を打ち出しています。これは現在のスタンダードであるISOに替わるものという位置づけです。

ドイツはご存知のように、ものづくりにかけては相当な実績とプライドをもっています。しかしドイツは二度の世界大戦の敗戦国であることを忘れてはいけません。アメリカとイギリスに煮え湯を飲まされてきた歴史がある。だから、せめてものづくりの分野では英米にぎゃふんと言わせてやりたい。しかし「二度あることは三度ある」で、ドイツが世界の覇権をとるような姿勢を見せると、警戒されて上手くいかない可能性が高い。そこで、「世界の工場」である中国を前面に出し、自分たちは後ろから支援するかたちで、自分たちの新しいスタンダードを広めようとしているのです。自分たちのではなく、まずは中国の製品にのせようとしてるんですね。

白　なるほど、だからメルケルさんは足繁く中国に通っていたわけだ。

真田　2015年2月、メルケルさんは来日しましたね。あの時何を言いに来たかというと、「日本はいつまで敗戦国をやってるんだ」と。「一緒に手を組んで『インダストリアル4・0』を広め、ものづくりの分野で世界をリードしていきましょう」と誘いにきたんです。なのに永田町の皆さんは多分、お断りになったんでしょうね。そこから「もう日本は動かないな」とあきらめたドイツは、中国と組んで動き始めたわけです。

白　日本とドイツは組んだ方がいいのに……。

真田　で、インダストリアル4・0が結構上手くいきそうだぞとなった矢先に起こったのが、フォルクスワーゲン（VW）の事件（VWのディーゼル車に、米国での排ガス検査をパスするために違法なソフトウエアを使用していたことを、米環境保護局が発表）なのです。あれはもともとＶＷが不正をやっていたという事実はあるものの、あんなに大騒ぎする必要はないだろうという話です。しかもアメリカ市場でディーゼル車はそれほど普及していないにもかかわらず。つまりこれは、スタンダードに対する挑戦をこともあろうにドイツと中国が組んで仕掛けてきた、これに対する懲らしめということなのです、「いい加減にしろ」と。

そしてＶＷ事件の直後、日本が安全保障法案を通過させるわけですが、これに海外で賛成したのはアメリカとドイツでしたね。これはメルケルが、アメリカに配慮して賛同したわけです。

白　そういうことでしたか……。

今までの真田さんのお話を踏まえて考えると、これから中国の人民解放軍が旗を掲げて他国に攻めに行くようなことがあり得ますかね？

真田　攻めに行くということはないですね、あり得ない。

白　そうでしょう？　今の国際秩序の中で、中国が他国に攻め込むようなことはあり得ないんですよ、もうそういう時代じゃない。島とか特定の地域については小競り合いがあり得るかもしれないけど、国同士の全面戦争みたいな事態にはなり得ないですよ。実際習近平は軍を２０１５年９月に30万人削減すると表明したでしょう。経済でお金を回すことで影響力を強めていく、そういった方向に行くということですよね。地域紛争や対テロ戦争はあっても、国家対国家の戦いなんてほぼ起こらないと私は見てるんです。

真田　そんなことをしたら地球が壊れてしまうことは、指導者たちはわかってますよね。

4　ロシアとアメリカ

――あらゆる分野で中国が台頭していることがよくわかりました。そこで現状の2大大国であるロシアとアメリカの話題に移りたいと思います。まずロシアの現状についてお聞きしたいのですが。

白　まずロシアの人たちと付き合ってみて思うのは、本音として日本と早く仲良くしたいと思っているということですね。ロシアの人たちが、中国の台頭を脅威に感じていることがひしひしと感じられるんですよ。しかしそれにもかかわらず、ロシアの人は中国の脅威を絶対に口にしません。それゆえに脅威に思っていることを余計に感じるんです。だって人口規模が違います、中国と接する極東連邦管区で630万人ほどしかいないのに、中国東北部だけで1億人をはるかに超える人口がいますから。だからロシアの民間人は早く領土問題を解決して、日本との関係を改善したいと本心で思っています。それなのに日本はアメリカの方しか向いていないものだから、プーチンはもはや日本には呆れているという感じですね。

真田　まずあえて話を単純化して言うと、ロシア人は日本人が好きです。しかし日本人はロシア人があまり好きじゃない。そしてロシア人は中国人が大嫌いなはずで、中国人もロシア人が大嫌いなはずです。ただ、当然ですがロシアも中国もそのことをはっきり言いません。それは特定のディールに関しては協力関係を築く必要もあるわけで、あまり旗印をはっきりさせておくのは得策でないからです。ロシアと中国の関係というのは〝敵の敵は味方〟という感じで、最近の言い方でいえば「フレネミー」、フレンドでありエネミーであるような関係ではないでしょうか。そうやって腹の中はさておき、したたかに付き合っているのがロシアと中国ですから、先ほど白さんがおっしゃったように、アメリカに付和雷同するだけであると見ているロシアは、日本に対しては呆れてますよね、「アイデンティティはないのか」と。

白　プーチンは相当イライラしてますね。特にウクライナの問題における日本の対応については、「自分たちとロシアがどういう関係か考えろよ」と思ったでしょうね。プーチンにとっては、日本はアメリカの奴隷としか映っていないと思います。

――なるほど。では一方の大国アメリカですが、今日のこれまでのお話を踏まえて、アメリカの力というか覇権構造はどう変化していくのでしょうか。

真田　覇権を考えるとき、まず何を握らないといけないかというと、人々が生きていくために必要なもの――水、食料、エネルギー、原材料、これらを実体経済で押さえる必要があります。

そのうえでこれらをお金で束ねる。つまり国際金融を握るのが次の段階で、ここまで握れば世界を支配できるわけです。ただ、みんなが徒党を組んでやっつけにきたらどうしようもありませんから、この上に軍事力を握る必要がある。つまり、実体経済、金融、軍事の3つを握ってはじめて覇権は成立するわけです。

アメリカは1997年のアジア通貨危機の後、これを確立しようと進んでいたのですが、2001年に同時多発テロが起こってしまった。それに釣られるようなかたちで経済が落ち込んでいき、リーマンショックに至ります。

その流れの上でオバマ大統領が出てくるのですが、この人は覇権を標榜する大統領ではありません。政治家の仕事は世の中に安定した状況をつくり出すことですが、政治学で言う最も安定した状況は2つしかありません。覇権（ヘゲモニー）と均衡（バランス）です。そしてオバマ大統領は、覇権でなく均衡の政治姿勢なんですね。そうなると国際的地位が下がってくるのは避けて通れないことです。

先ほどの覇権構造を具体的に見ていきましょう。まず水、これはスエズ・エンバイロメントというフランス系の企業が影響力をもっています。食料はアメリカの穀物商社カーギルと、同じくアメリカで遺伝子組み換えで有名なモンサント。原材料についてはオーストラリア・イギリスのBHPビリトンだとかアメリカのアングロ・アメリカン。エネルギーはいわゆる石油メジャーでしょう。国際金融では、銀行サイドがJPモルガンチェース、証券サイドがゴールドマン・サックス。こういったところと連携して、アメリカは覇権を握ってきました。

ただ、アメリカがこれらの企業を束ねる力、グリップが弱くなっているんです。その弱くなっているところに、時間軸を長期にとりながら中国が入り込んできているのが今の状況ですね。かつて東側諸国の覇権を握っていたロシアですが、現時点で世界の覇権を争う力はないでしょう。ということで一つずつをみればまだまだアメリカの力は強いのですが、相対的に見ればそれは弱まってきている、というのは間違いないと思います。

白　そうなると、先ほどの〝敵の敵は味方〟じゃないですが、中国を相手にした場合、今後アメリカとロシアが接近してくるという可能性もあるのではないでしょうか。中国も例えば、昔の日本企業がロックフェラーセンターを買収したようなアメリカ人の琴線に触れるようなことはさすがにやらないと思いますが、先ほど名前が挙がったような企業が仮に中国に買収されれば、その時はアメリカとロシアが手を組むかもしれませんね。何が言いたいかというと、外交においてはあらゆる可能性を排除してはいけないということで、義理人情とか仁義から言ってあり得ないという日本的発想は通用しないということです。

真田　今はウクライナやシリアの問題で米ロが手を組むことは考えられませんが、将来的にはあり得るかもしれない。あらゆるオプションを考えておく必要があるというのは、まったく同感ですね。

5　テロとどう向き合うか

――現在の国際的な課題として、テロ対策が真っ先に挙げられます。まずはテロが経済に与える影響をおうかがいしたいのですが。

真田　テロを抑えようとすればコストをかけなければいけません。しかも規制をかけていく必要が出てくる。これは経済にとっては悪影響以外ありませんね。プラスは何ひとつないです。だからこれを早く収束したいと誰もが思いますよね。

白　ではテロをどう終わらせるのかということですが、爆弾を落とせばそれでいいというわけにはいかないと思います。いま行われている空爆がいいとか悪いとかではなく、少なくともテロをなくすことにはならないでしょう。

単純な話ですが、やっぱり人を差別しちゃいけないんですよ。人を孤立させたり追い詰めたりすれば、ある人は自分で命を絶つ道を選び、ある人はどうにでもなれと攻撃的になる道を選ぶ。失うものを持っていない人には、怖いものなんてないと思います。それが宗教の名を借りたカルト的なものと結びついたときテロが起こるのでしょうね。

真田　現行の世界秩序に不満を持っている、ピュアで頭のいい人たちが、いま白さんがおっしゃったような人を使っているのが現在のテロの特徴ですね。だからしっかりした組織があり、頭のいいリーダーがいるわけです。そして彼らはピュアだから、「なんでこんなに貧しい暮らしをしなければならない人達がいるのだろう」「なんで奴らはあんなに偉そうにしてるんだろう、努力の差がそれほどあるわけじゃないのに」と思うんですね。それで「もうぶっ壊すしかない」と。そこには彼らなりの論理があるわけで、場当たり的でなく計画的なのです。だから根本の背景まで踏み込んで譲歩する、ここまでやらないと解決しないでしょうね。逆にそこまで突き詰めて良い意味で彼らを理解していけば、一気に解決することも考えられます。

白　彼らはやっぱり今の世界に対し、「この野郎！」と思っているんでしょうね。私もそれなりに差別を受けてきましたが、日本でそこまで思った経験はあまりないですね、気分が落ち込むようなことはありましたが。

「この野郎！」と思ったのは韓国に行った時で、今でもその感情は覚えていますよ。昔の韓国は特に貧富の差が激しく、金持ちが貧乏人をいじめるようなことがあからさまにありました。まだ私が学生時代のことですが、韓国のお金持ち御用達デパートでエスカレーターに乗ろうとしたら、後ろから引っ張られたんです。年配の女性でしたが自分が先に乗るためにです。それで「なんだよ」と思っていたらもう一度引っ張られた。その娘からです。確かに私はその時みすぼらしい格好をしていましたが、日本では考えられないことですよね。それとこれもソウルでの話で、おじに呼ばれてソウルの一流ホテルにおんぼろのポニー（ヒュンダイの小型車）のタクシーで乗り付けたら、ボーイに「ここに停めるな、向こうで降りろ」と。カチンときてその時はボーイと怒鳴り合いましたね。こういう露骨な差別というのが当時の韓国にはまだあって、それは言われるとやっぱり腹が立つし、「この野郎！」と思うんです。テロに走った若者たちも、イスラム風の名前を言っただけであからさまに嫌な顔をされたとか、扱いが変わったとか、そういった経験を通じて先鋭化していった気がしてならないんですよ。

だからそういう差別された者の気持ちがわからない人たちは、叩けばいいという発想しか出てこないのかな、なんてことを思うんです。

中国はテロをどうとらえるか

真田　中国がテロをどうとらえるかという話ですが、上手にとらえると思います。中国政府がテロの仕業であると言っている新疆ウイグル地区の問題などに対し、「テロとの戦い」として弾圧を強めていくわけです。国内の人権問題として海外から指摘されてきたことを、テロ対策にすり替えていくんですね。為政者がテロの問題のいいとこどりをしていくわけですが、それに対し今までのようにアメリカなどが「それは違うだろう」ときちんと言えるかどうか、そこがポイントになります。「テロとの戦い」を協調してやっていく必要性を考えたら、あんまり言えなくなってくるように思います。

白　私はダライ・ラマと会って話したことがあるのですが、「自分たちは一度として独立なんて言ったことがない。あくまで中国人として生きていきたいんだ」と。ただ、「信教の自由だけは保障してくれ」と。この人すごいなぁと思いましたね、やっぱり国境じゃないんですよ、心なんですね。心の問題というのが中国の政府は怖いんでしょうね、いっそ独立運動をしてくれたほうが弾圧しやすいわけで。一度心の中に入ったものは、政府がどう言おうと消えるものじゃありません。

テロと安全保障法制

真田　日本の安全保障法制も、悪意で見ればですが、「テロとの戦い」に位置づけようとすればそうできますよね、「危ないだろ、だからやらなきゃいけないんだ」と。

白　実際その流れになっていますよ。安倍さん寄りのメディアでは「盗聴で犯人が捕まったのだから法律で認めるべきだ」とかそういう主張を展開しています。今度は憲法を改正して緊急事態条項を認めろとかそういう話も出てきました。これはまさに戒厳令ですよ。

真田　統制国家的な流れですね。そこでは全部をモニタリングして人の動きを把握しやすくしたいわけですが、それに利用される可能性があるのがマイナンバー。マイナンバーにはおそらく早い段階で医療情報を入れてくる。そこに入れるのはＤＮＡ情報です。最近はテロリストも整形したり指紋まで変えたりしますが、ＤＮＡだけは変えようがないですからね。マイナンバーは税法だけではなく、実はテロ対策という意味でアメリカが急がせたのではないかと私は見ています。

白　あと怖いのがＡＩ（人工知能）。ＳＦめいた話ですが、本当に学習能力を獲得したＡＩが意思を持ち始めるのではないかというのが、あながちあり得なくもない……。

真田　ＡＩを用いた軍事用ロボットがかなり実用化されています。そしてロボットで一番期待されているのが介護用ロボットで、これは日本がリードしている。この介護用ロボットが軍事転用されるために狙われる可能性は否定できませんね。

　軍事の話をもう少しすると、いま軍事の世界では「制空権」「制海権」に加えて「制宙権」ということが言われています、宇宙です。このターゲットが人工衛星で、人工衛星を制する者が軍事を制すると言われています。だから中国は、宇宙開発をアメリカともロシアとも組まずに独自でやっているんです。軍事力を意識して制宙権を競う、すなわち覇権を競う国だと手を挙げているようなものなんですね。

6　日本の行くべき道を探る

――ここまで様々なお話を聞かせていただき、中国の台頭を筆頭に、世界は激変していることがよくわかりました。そのような状況の中で日本はどう進んでいけばよいのでしょうか。まずは今後の日本の成長分野は何なのか、お聞かせください。

真田　やはり日本は日本の得意分野で生きていくべきです。日本の得意分野、それはものづくりですね、金融ではないです。世界が強く必要とするモノやサービスを安定的に供給する。そしてそれは、日本でなければつくれない、提供できないものに絞る。世界が必要とするものを日本しか供給できないのであれば、日本は世界から殺されずに済みますよね。これはあくまで理想ですが、理想は高く掲げないと現実はもっと低くなってしまう。だから「日本でないとできないことで生きていく」という最高の理想を掲げる必要があるのです。

それから、日本にいながらにして外貨を稼ぐような企業を増やしていかないといけない。日本でなければできない仕事を、日本の雇用で、日本に納税するかたちで発展させていく。そしてそれが海外にとっても役に立つという、win-win-win の関係をつくっていくことが大事です。

日本人にしかできないことは何かというと、マニュアル化できない技術です。マニュアル化できる技術であれば、人件費の安い海外に移転してしまいます。そしてマニュアル化できない技術をマニュアル化しようとする、ここに日本の強みがあります。その中で技術が磨かれてくるのです。

ここまで申し上げると、皆さん「それって大量生産・大量販売できないよね」と思われるでしょう。その通りで、「少量・変量」で「多品種・高品質」のモノをつくり、最終的に「高利潤（適正利潤）」を達成できる企業を育成する必要があるわけです。そうなると「大量生産・大量販売」の大企業はここから外れていきます。大企業はこの先、日本オリジンであるけれど日本にはこだわらず、グローバル企業として展開していけばいいのです。大事なのは、日本の99・7％を占める中小企業です。ここが「少量・変量」「多品種・高品質」「高利潤」のビジネスモデルになることが、日本の成長にかかっています。例えば従業員15人の会社なら、年商は10億円もあればいい。それで営業利益率が50％であれば、一人当たりの営業利益は3300万円を超えるわけで、それなら高収入も実現できます。そういった企業が第一次産業から第二次、第三次産業まであらゆる分野にパッチワークのように存在する日本列島にしていく、政府はそうなるために支援する政策に転換すべきだと考えています。

これはアベノミクスの大企業優先の考え方の全く逆です。大企業が発展すればそのおこぼれが下に降りていくという発想ではなく、日本は中小企業で食べていくという発想に切り替えるのです。

白　この前、鍋を買いに行ったんですね。名古屋の企業の製品でホーローの鍋なんですが、職人技により蓋と胴体にスキマがないので、水を入れなくても野菜の水分だけでシチューができるというんです。少し前まで1年半待ちの状況だったそうなのですが、生産体制が整ってようやく手に入るようになったというので買いに行きました。これですよね、日本が生きていく道は。ただ、こういう光る技術をもった企業がどんどん無くなっていってる現実もあって、DNAが継承されなくなっているんですよ。

私が内閣府副大臣のとき取り組んだのですが、地方銀行に対し、ただ担保をとって融資するだけの役割を超えて、中小企業には必ず光るものがあるのだから、それを広めるノウハウや経営アドバイスをしてほしいんだと言って地域経済活性化支援機構という制度をつくったんです。これがいま機能し始めていて、例えば縄梯子をつくっている会社があってすごい技術の持ち主なんですが、商品が売れないと。でもインターネットで販売するようになったら世界中から注文が入るようになったらしいんです。こういったアドバイスを銀行がやりなさいという制度ですね。

あと、航空機の内装をつくっているジャムコという企業があるのですが、2列以上ある旅客機用のトイレのシェアは100%なのです。以前私は、ある途上国の小型機に乗った際トイレで用を足していたら、途中で蓋が勝手に閉まって（笑）困った経験があります。その辺に技術の差があるんですね。トイレの他にも、例えばボーイング787の部品は4割くらいが日本製と言いますからね。

真田　大企業ばかり見ていると、そういった「少量・変量」「多品種・高品質」「高利潤」の企業を見落としてしまうんですよ。

さらに具体的に産業を挙げていくと、私は次の4つが日本の成長分野だと思っています。まずは高級な核心部品。次に製造装置。これは量産試作のところがおいしいんですよ、大量生産のための製造装置の試作ですね。3つ目が炭素繊維のような高度素材。この前岐阜の石灰を扱う会社の社長とお会いしたのですが、石灰から吸音性能に優れた非常に薄くて軽い素材を開発したんです。これを何に使おうと考えたとき、電車のホームのスピーカーに使おうとなったんですね。ホームは外に音は拡散させたくないけど、中ではきちんと声が通る必要がありますから。すでに山手線のホームに入り始めています。他にも自動車で使うなどマーケットが広がってきているそうです。そして4つ目にグローバル・メンテナンス。アフターマーケットの部分で、他社製品も含め世界中で面倒を見ますよと。これが日本は得意なんです。中国も韓国もつくりっぱなし・売りっぱなしのメーカーが多いですから、きちんとメンテナンスがあるのは日本製品の強みなんです。企業にとっても、アフターケアで得られる情報は新製品開発にフィードバックできるから価値がある。

白　どこの国も新しいものはつくりたがるのですが、修理はそれほど熱心じゃないですからね。日本人はサービスに対する要求品質が非常に高いですから、日本のマーケットで鍛えられたサービスは世界に通用しますよね。

真田　ただ、グローバル・メンテナンスといっても日本の中小企業が例えば中国の国営企業に入り込むのは困難ですから、そこは政治家の皆さんに調整してもらう必要があります。例えば日本の大企業と中小企業を組ませて、大企業の看板で取り引きしやすくする仕組みづくりなどをお願いしたいですね。

白　僕らも外国製品を買うとき、「壊れた時どうなるんだろうな」と気になりますからね。日本製品は壊れても安心となれば、それは口コミで広がっていきますよ。

真田　いま申し上げた4つの分野はイメージしやすいと思います。こういった産業で、日本人にしかできない、日本にいながらにして外貨を獲得できるビジネスモデルを確立する、そのための取り組みを産業政策の中心に置くことを政治に期待したいですね。これが需要と雇用を生み、内需拡大にもつながっていくわけですから。

白　日本人にはよくおもてなしの心が備わっていると言われますが、これは対人だけでなくモノに対してもそうなんですよね。私の友人にアメリカ人でボーイング社の整備部門の人がいるのですが、彼が日本人整備士の仕事を見て「This is only machine」だと。つまり所詮機械じゃないか、なのになんでそんなに大切にするんだと驚いているんです。

真田　「丹精込めた仕事」というやつですね。

白　そう、そういった仕事が日本人の他にない特長だと思います。日本には神様がたくさんいることが影響しているかもしれませんね、モノにも魂が宿るというかね。

真田　ただちょっと言っておきたいのは、グローバルビジネスではそれが常識ではないということです。日本人のものづくりには「いいものをより安く」という感覚がありますが、グローバルでそれを言うと、馬鹿か本当はいいものをつくっていないかどちらかだと思われます。いいものならばそれなりの値段がして当然というのが世界の常識なんです。

また、これは中国などであり得る話ですが、例えば日本の中小企業にある製品のオーダーが入るとします。生産能力から10万個つくるのが限度だと伝えたら、向こうは大量生産の国ですから「なんだ10万個しかつくれないのか。中国の企業なら100万個つくれるぞ、だったら安くしろ」とこう来るわけです。これ、経済の原理から言っておかしいでしょ？　需要のほうが強いのに価格を下げられるわけです。

このあたりの感覚は日本人と相当ギャップがあるわけですが、日本の常識は必ずしもグローバルビジネスにおいて通用しないということを申し添えておきたいですね。

白　なるほどね。やはり真田さんは現場も精通しておられるから普通の経済学者とはおっしゃることの説得力が違う。やはり日本の生きる道はものづくりにある、ということですね。その中で日本と世界の常識が異なる場合もあるだろうから、そこを調整する仕組みをつくるのは、やはり政治家の仕事だと思いますね。

志と気合をもて（真田）

――ここまで長時間ありがとうございました。最後にお2人それぞれから、これからの日本を背負う若い人へのメッセージをいただければと思います。

真田　若い人にはいつも、崇高な志と気合をもてと言っているんです。

具体的にどういう人間像かというと、グローバルリーダーを念頭に置いてお話ししますと、まずは慎重に慎重を重ねて検討する。そのうえで大胆に決断する。そして決断を行動に移す、ということです。

私が実際に学生に接するなかで感じるのは、情報が発達してきたこともあり、慎重に検討できる子は増えてきました。でもその先の決断をしない。決断しても行動に移せない。例えば就職活動です。かなり細かく企業の情報は集めてくる。そして対策を練って例えばA社、B社、C社から内定をもらえたとします。しかし「どこがいいんだろう」となかなか決断できない。なんとか促してB社に決め無事入社しても、「本当にB社でよかったんだろうか」ばかりを考えて「違うとこに行きます」とか言ってすぐに辞めてしまう。そういう子が本当に多いのです。辞めるのが問題なのではなくて、石の上にも三年——私は五年と言っていますが——頑張ってみて、そのうえで慎重に慎重に考えたうえで決める、そして方向転換するならすればいい。リーダーになりたいのであればそういう風に行動すべきだと思います。

そして最後に、責任をとる。これは日本の上層部でもできていない人が多いですね。

いま申し上げたようなことを実践している経済人として、私の知っている方で一番すごいと思うのは鈴木修さん（スズキ代表取締役会長兼社長）ですね。あの方は一見豪放に見えるのですが実はものすごく細かい。数字も含め慎重に細かく検討されるのですが、「右だ！」と決めたらぱっと動く。例えば震災の時も、それが自社にとってどういったことなのかを考え抜き、浜松の海側にあった工場を、浜松市長にすぐにお願いして浜松市が内陸部にもっていた遊休地を売ってもらい、移転することにしたのです。決断に行動が伴っているんですね。そして「一切の責任は俺が取る」と。特に悪いことの責任を、あの人はきちんと取るんです。鈴木修さんに代表されるこういう人に日本人全員がならないといけない、そう思いますね。

もう一つ申し上げたいのは、今の日本人は、まぁグローバルにそうなっているのですが、強い人が弱い人を足蹴にするんです。弱い人は「誰も助けてくれないんだもん」と何もやらない。

こんな社会は決して良くならないですよ。

私がいつも言っているのは、「自らが自らを強いと思う人間は、周りの人にやさしくなりなさい」と。そして「自らが自らを弱いと思う人間は、絶対に人を頼りにしないこと」。つまり自力再生を貫いてほしい。

この2つを、若い人には申し上げたいと思います。

白 責任を取るということは、人のせいにしないということですからね。なるほど、本当にそうだよね。

夢をもて（白）

白 僕が若い人に言いたいのは、夢をもて、ということです。本当はそれぞれ夢をもっていると思うのですが、どうも目の前の浮世のことを楽しんでいるようにしか見えないんですよね。

夢といっても「将来は王様になる」とかじゃなく、頑張れば実現可能な夢をもて、ということなんです。誰だって「こんなことやりたいな、出来たらいいな」ということがあると思うんです。やったらいいじゃん、やりなさいよと。今の社会で成功している人を見れば、みんな自分のやりたいことをやってきた人ばかりですよ。行動を起こすんです。

その時まず大事になるのが、真田さんもおっしゃった情報収集力です。でもそれは机上のものではない、家の中で座ってじーっと考えていても浮かんでくるなんてないですよ。外に出て、いろんな人と会って刺激を受ける中でアイデアが浮かんでくるんです。それも友達だけじゃなく、例えばいろんな企業を訪ねていって聞けばいいんです。元気のある会社があるなと思ったら、「何をやってる会社なんですか」って聞きに行けばいいんです。たぶん皆さん喜んで話してくれるでしょうから。

そうやっていろんなものに興味や関心をもち、実際に話してみて刺激を受け、本屋に行って面白そうな本があれば手に取ってみる。そして「世の中はこうなってるんだな」と自分なりに理解したうえで、自分は何をやるのか考えてほしいんです。

やはり若い人の考え方というのは若い人にしかできませんから、そうやってひらめくことがあれば行動に移す。それで「自分のやっていることは他の誰かもやっているかもしれない」とさらなる情報収集を行い、比較検討していくことで切磋琢磨していくんです。自分の好きなことを突きつめて仕事にしていく、こんな楽しいことはないですよね。僕は楽しさこそ人生と思っていますから、そういうなかで実現可能な夢をもって生きていってほしいですね。

今日はいろいろな話が出てきて、「これから日本はどうなるんだろう」と思うことも少なくありませんでしたが、なんだかんだ言って日本はまだまだいい国です。こんな勤勉な国民がいて、安全で暮らしやすい国はそうそうない。でも、この先どうなるかはわからない。だからいま、このタイミングで行動を起こすことが必要だと思いますね。

真田　本当にそうですね。いまは行動するリスクより行動しないリスクのほうが大きい時代です。動き出すのはいまなんです。

終わりにあたって

この本を最後まで読んで下さいましてありがとうございました。

安倍政権は２０１５年9月19日に、今まで憲法で禁じられてきた集団的自衛権を行使できるようにする法案、安保法案（戦争法案）を、大多数の国民がまだ審議が十分尽くされていないという結果が出ているにもかかわらず、強行で通してしまいました。このことによって私は、今まで戦後70年間、守り続けてきた日本の平和の形が、大きく変わる転換点になったような気がしてなりません。

さらに、もう一つ！　日本人の８割以上が、自分は中流だと思っていたという時が遠い過去になってしまった今、社会保障や雇用など様々な分野において、日本がこれまで経験していない未体験ゾーンに入ってしまっているとも思っています。

安倍総理は安全保障について、「もはや一国で守れるものではない」とよく述べておられますが、逆に私は「もはやケンカしている暇などない」ということを強調したいのです。

全ての分野においてお互いの国が協力し合わなければ、やっていけない時代に入っているのではないでしょうか？　それは安倍総理が関心を持っている軍事の分野でも、「どうだ！　参ったか」式みたいな時代ではないということなのです。もちろん、本書でも述べましたように、様々な国の思惑や国益のぶつかり合いの中で、「そんなこと絵空事だ」という方もいらっしゃるかもしれません。しかしだからと言って、隣が気に食わないとして、荷物をまとめてどこかに引っ越すわけにもいきません。隣国とはこれからも10年、100年と、好き嫌いにかかわらず永遠に隣であるわけです。であるならば、もっとしたたかに付き合いをしていくしか、他に方法はないのではないでしょうか?

本書の後半部分に真田教授との対談を載せたのも、世界の中の日本をしっかりと見据えていかなければ、この国が取り残されてしまうという危機感の共有とともに、まだ今なら間に合うという認識を持っている学者も数多くいることを知ってもらいたかったからです。

ぜひ、本書を読んで少しでも、この素晴らしい日本がこれからも世界に尊敬される国として永遠に存在するために今何をするべきかという重要な視点を、読者の皆様と少しでも共有できれば幸いです。

最後に本書を執筆するにあたり、鳩山由紀夫元総理、鳩山事務所の芳賀秘書、さらには、花伝社の佐藤恭介氏にいろいろお世話になりました。本当に感謝申し上げます。

２０１５年12月末日

白眞勲（はく・しんくん）
1958年、日本人の母と韓国人の父の間に東京都新宿区で生まれる。日本大学大学院生産工学研究科博士前期課程建築工学専攻修了。韓国延世大学校言語研究教育院卒業。1985年、朝鮮日報日本支社入社。1994年、朝鮮日報日本支社支社長就任。2003年、日本国籍を取得。朝鮮日報日本支社支社長退任後の2004年7月、参議院議員選挙比例区にて初当選。北朝鮮による拉致問題等に関する特別委員会委員長、内閣府副大臣等を歴任。

日韓魂——日本と韓国に生き、世界を見つめる

2016年1月25日　初版第1刷発行

著者 ——白　眞勲
発行者 —平田　勝
発行 ——花伝社
発売 ——共栄書房
〒101-0065　東京都千代田区西神田2-5-11出版輸送ビル2F
電話　03-3263-3813
FAX　03-3239-8272
E-mail　kadensha@muf.biglobe.ne.jp
URL　http://kadensha.net
振替 ——00140-6-59661
装幀 ——三田村邦亮
印刷・製本—中央精版印刷株式会社

ISBN978-4-7634-0766-5 C0036